Mohammed Shihab
Massudi Mahmuddin

Método de escalonamento baseado em prioridades com o algoritmo Bees em ambiente de grelha

Mohammed Shihab
Massudi Mahmuddin

Método de escalonamento baseado em prioridades com o algoritmo Bees em ambiente de grelha

ScienciaScripts

Imprint

Cover image: www.ingimage.com

This book is a translation from the original published under ISBN 978-3-659-86455-1.

Publisher:
Sciencia Scripts
is a trademark of
Dodo Books Indian Ocean Ltd. and OmniScriptum S.R.L publishing group

120 High Road, East Finchley, London, N2 9ED, United Kingdom
Str. Armeneasca 28/1, office 1, Chisinau MD-2012, Republic of Moldova, Europe
Managing Directors: Ieva Konstantinova, Victoria Ursu
info@omniscriptum.com

Printed at: see last page
ISBN: 978-620-8-53038-9

Índice

RESUMO

A computação em grelha depende da partilha de grandes escalas numa rede que está amplamente ligada entre si, como a Internet. Por isso, muitos investigadores e académicos da computação em rede têm-se concentrado no agendamento de tarefas, que é considerado um dos problemas NP-Completos. O principal objetivo desta investigação é propor uma otimização do programador inicial para a computação em rede utilizando o algoritmo das abelhas. Os algoritmos modernos serviram de base a esta investigação. O procedimento sugerido significa que um algoritmo recentemente desenvolvido pode implementar o agendamento de tarefas em grelha, tendo em conta prioridades e prazos para diminuir o tempo de conclusão necessário para as tarefas. O tempo médio de espera do ambiente de grelha pode ser minimizado, e esta minimização, por sua vez, cria um aumento no rendimento do ambiente.

Palavras-chave: grelha, computação, otimização, algoritmo das abelhas, tempo de espera

Reconhecimento

Gostaria de expressar a minha profunda e sincera gratidão à minha supervisora, a Dra. Massudi bin Mahmuddin, pela paciência, humildade e conselhos que me deu no decurso deste projeto. A supervisão e o apoio que me deu contribuíram verdadeiramente para a progressão e a fluidez desta investigação.

Muito obrigado ao meu amigo Muhammed Shiban, por me ter apoiado durante os meus estudos e por ter sido a família de que precisei durante a minha estadia na Malásia. A minha investigação não teria sido possível sem a sua ajuda.

Além disso, gostaria de agradecer a Wael Ali e Karena Hiyoshi por me terem enriquecido com os seus conhecimentos e por me terem encorajado e apoiado ao longo da minha investigação.

Por último, mas não menos importante, gostaria também de agradecer aos meus pais, Shihab Ahmed e Majda Abdul Jabbar. Eles foram os meus modelos e o melhor exemplo a seguir na minha vida. Nunca deixaram de me apoiar durante toda a minha vida e, sem eles, nunca teria sido o que sou hoje. Quero agradecer aos meus irmãos, Ahmed, Abdul Jabbar, Amani e Alia, pelas suas constantes demonstrações de amor e pelo apoio moral contínuo ao longo dos meus anos de estudo.

Lista de abreviaturas

ACO	Ant Colony Optimization
BCO	Bee Colony Optimization
EDF	Earliest Deadline first
ERD	Earliest Release Date
FCFS	First Come First Serve
GA	Genetic Algorithm
GIS	Grid information service
GRAM	Grid Resource Allocation and Management
GS	Grid Scheduler
HAT	Hybrid algorithm technique
HAST	Hybrid algorithm search technique
HC	Hill climbing
IT	Information Technology
LJF	Longest Job First
LM	The Launching and Monitoring
LRM	Local Resource Manager
MTTD	Minimum Time to Due Date
NP	Nondeterministic Polynomial time
OGSA	Open Grid Services Architecture
P2P	Peer-To-Peer
PBBS	Priority Based Bee Scheduling

PSO	Particle Swarm Optimization
QOS	Qualities of services
QRC	Qualifying Resource Collection
SA	Simulated annealing
SJF	Shortest Job First
TS	Taboo search
VO	Virtual Organization
WIP	Work-in-process

CAPÍTULO 1

INTRODUÇÃO

A computação em grelha é um tipo de computação que depende da partilha de uma rede de grande escala que está amplamente ligada entre si, como a Internet. [1] Os investigadores sugeriram que a computação em grelha e em cluster são exemplos de diferentes formas de iniciar um sistema distribuído. Um sistema distribuído é uma forma de ligar muitos computadores para lhes dar a capacidade de comunicar numa rede informática. A existência de vários computadores ou estações de trabalho em computação de clusters unidos por redes locais permite-lhes criar aplicações distribuídas. Devido aos seus limites, as aplicações de área fixa em computação em cluster são inflexíveis [2]. Esta desvantagem particular levou à sugestão de que a computação em grelha poderia ajudar a resolver este problema. A computação em grelha é construída com base na combinação de numerosos recursos de várias localizações geográficas. Esta combinação de recursos de várias localizações geográficas diferencia a computação em grelha da computação em clusters e da computação distribuída convencional. Existem requisitos e restrições diferentes para a computação em grelha em comparação com os dos sistemas tradicionais de computação de alto desempenho [3].

A verdadeira normalização foi desenvolvida para satisfazer requisitos industriais críticos e para que a tecnologia de computação em grelha possa ser melhorada. O Global Grid Forum começou em 1998 como uma comunidade internacional e organização de normas. A principal responsabilidade desta organização era desenvolver diferentes actividades de normalização [4]. A Open Grid Services Architecture (OGSA) foi criada como outra comunidade de normas responsável por implementações como o conjunto de ferramentas Globus baseado na OGSA [5].

A gestão de recursos é um elemento primordial no sistema de computação em grelha e deve ser considerada para gerir os diferentes trabalhos que podem ser apresentados e a utilização eficiente dos recursos disponíveis. Surgiram várias questões na gestão de recursos da grelha, incluindo a programação de recursos, o aprovisionamento de recursos, as capacidades autonómicas, a descoberta de recursos, os inventários de recursos, o isolamento de falhas, o equilíbrio de carga, a monitorização de recursos e o sistema de gestão do nível de serviço. As duas principais preocupações que os investigadores discutem mais frequentemente são o balanceamento de carga e a programação da rede [6]. O escalonamento da rede é uma tarefa vital para a infraestrutura da rede, e a adaptabilidade e a escalabilidade são aspectos primordiais que devem ser considerados quando um algoritmo de escalonamento é implementado [7].

Os recursos do ambiente de grelha são frequentemente distribuídos geograficamente em grande escala e o desempenho desses recursos pode variar de um momento para o outro. Além disso, quando os utilizadores submetem trabalhos, estes trabalhos podem exigir recursos diferentes que também têm vários requisitos de qualidade de serviço (QOS). É necessário dispor de uma técnica de escalonamento eficaz para poder gerir o ambiente de computação em grelha [8]. Os principais objectivos do escalonamento são aumentar o rendimento, diminuir o tempo de resposta e evitar a sobrecarga

1.1 Antecedentes do estudo

A computação em grelha desempenha um papel essencial na aceleração das operações computacionais através de um sistema de várias tarefas executadas em máquinas em paralelo. As grelhas computacionais permitem partilhar, selecionar e agregar recursos geograficamente distribuídos para resolver problemas de grande escala em ciência, comércio e engenharia [9]. Como os recursos de uma grelha são heterogéneos e distribuídos geograficamente, com disponibilidade diferenciada e uma vasta gama de políticas de utilização e de custos para diferentes utilizadores em vários momentos, os objectivos e as prioridades diferem ao longo do tempo. A gestão desses recursos e a programação de aplicações num ambiente vasto e disperso pode ser uma missão complexa. Assim, a utilização de métodos heurísticos para resolver este problema de programação nestes sistemas é uma solução comum e amplamente aceite. A gestão de recursos, bem como o agendamento de tarefas, são questões potenciais e complexas que se colocam no ambiente de computação em grelha [10].

Por outro lado, o equilíbrio da carga de trabalho para cada recurso é influenciado quando existe um bom algoritmo de programação. O equilíbrio da carga é um problema essencial que tem de ser controlado na computação em grelha. Para que este problema seja resolvido, os diferentes trabalhos submetidos têm de ser distribuídos de forma igual pelos recursos do sistema de computação em grelha. Um bom problema de balanceamento de carga deve equilibrar todos os recursos, e este balanceamento pode ser feito quando a carga de trabalho é distribuída igualmente por vários computadores, discos rígidos, ligações de rede ou outros recursos, de modo a obter uma utilização óptima dos recursos [11].

Para além do desenvolvimento da tecnologia de rede, a computação em grelha tem vindo a resolver problemas complexos de escalabilidade que têm estado no centro da tecnologia. Um dos principais desafios que um ambiente de computação em grelha enfrenta é o da programação de tarefas. Para realizar um grande número de tarefas num recurso distribuído, é necessário adotar um algoritmo de programação razoável para obter um tempo de conclusão mínimo. Por conseguinte, muitos investigadores e académicos da computação em rede centram-se no escalonamento de tarefas, que é considerado um problema NP-Completo [12].

1.2 Declaração do problema

Um dos elementos mais importantes no desempenho da computação em grelha é o escalonamento de tarefas. O escalonamento eficiente de tarefas sequenciais e independentes em recursos computacionais heterogéneos num ambiente de computação em grelha é um problema NP- Completo [13, 14]. A utilização de técnicas meta-heurísticas como a Otimização por Colónias de Formigas (ACO), a Otimização por Enxame de Partículas (PSO) [15,16] e o Algoritmo Genético (AG) ajudam a resolver os problemas que o escalonamento em grelha enfrenta, incluindo um escalonador inicial, e encontrar um algoritmo de escalonamento ótimo que permita realizar o escalonamento rápido continua a ser uma tarefa difícil [12, 17, 18].

O objetivo do escalonamento de tarefas na grelha é obter um elevado rendimento do sistema e fazer corresponder a aplicação necessária aos recursos informáticos acessíveis. Para tal, é necessário utilizar os recursos correspondentes num ambiente heterogéneo partilhado de forma não determinística. A dificuldade do problema de programação aumenta com a dimensão da grelha e a resolução de problemas de programação de forma eficaz revela-se complexa [19].

Assim, este domínio depende de técnicas heurísticas sofisticadas que ofereçam uma solução óptima ou quase óptima para grandes grelhas. Este estudo propõe um novo algoritmo de escalonamento de tarefas para computação em grelha baseado no algoritmo das abelhas que mostra o caminho para procurar o melhor escalonamento de tarefas para computação em grelha.

1.3 Questão de investigação

O tempo de processamento da computação em grelha pode ser melhorado? Em caso afirmativo, como é que o tempo de processamento pode ser melhorado?

1.4 Objetivo da investigação

Este trabalho tem como objetivo aumentar a velocidade de programação da rede. Para o conseguir, os objectivos principais são:

A- Propor um programador inicial optimizado para computação em grelha utilizando o algoritmo das abelhas;

B- Identificar o melhor algoritmo de funções prioritárias, e

C- Integrar a base de prioridades e o algoritmo das abelhas.

1.5 Âmbito do estudo

Esta investigação utilizou três algoritmos de regras de prioridade. As regras de prioridade foram: 1) Trabalho mais longo

Primeiro a Chegar, Primeiro a Servir (LJF), 2) Primeiro a Chegar, Primeiro a Servir (FCFS) e 3) O Trabalho Mais Curto Primeiro (SJF). Nesta investigação, o tempo médio de espera foi aplicado como métrica de desempenho

1.6 Importância do estudo

A lista abaixo inclui as seguintes melhorias utilizando o algoritmo das abelhas :

- Resolver os problemas de escalonamento de ambientes de grade utilizando o novo algoritmo proposto neste estudo. O algoritmo sugerido pode ser aplicado para escalonar tarefas de grade levando em consideração as prioridades e os prazos, de forma a diminuir o tempo máximo de término da tarefa levando a um total mínimo que resulta em um aumento do throughput do ambiente;
- Criação de um método flexível para significar a atribuição de recursos e reduzir o valor do tempo médio de espera em comparação com o do algoritmo de programação padrão; e
- Encontrar uma solução adequada para o grande número de tarefas submetidas a um ambiente de grelha.

1.7 Contribuição do estudo

Um dos principais problemas NP é a falta de uma programação eficiente da distribuição de tarefas independentes e sequenciais e de recursos computacionais heterogéneos num ambiente de computação em grelha. Assim, a utilização de uma abordagem heurística para resolver problemas de escalonamento é um esquema bem conhecido e aceite neste tipo de ambientes.

Este trabalho apresenta um algoritmo de agendamento de tarefas que se baseia na abordagem de otimização de colónias de abelhas. O algoritmo utilizado é o das abelhas para agendar corretamente as tarefas que foram submetidas aos recursos da grelha; assim, a implementação do algoritmo sugerido nos ambientes de computação em grelha diminui o atraso e termina a tarefa atempadamente. Se aplicado, o algoritmo proposto pode diminuir o tempo médio de espera do ambiente e tem a capacidade de satisfazer os requisitos de prazo e prioridade da tarefa.

1.8 Organização da tese

O resto desta tese está organizado da seguinte forma. O Capítulo 2 apresenta os antecedentes e os trabalhos relacionados que se centram principalmente nos problemas actuais de computação em grelha e de escalonamento de tarefas. Apresenta também a abordagem atual do estado da arte para resolver o problema do escalonamento de tarefas. O Capítulo 3 descreve os métodos e ferramentas que foram utilizados nesta investigação para a conceção do programador inicial.

CAPÍTULO 2

ANTECEDENTES E TRABALHOS CONEXOS

A tecnologia de computação em grelha ajudou a tornar tecnicamente possíveis os recursos virtuais de TI, eliminando a ligação dedicada entre os volumes de trabalho do software de aplicação e os activos de hardware [20], como redes de dados, servidores e armazenamento de dados necessários para processar a informação. Entretanto, as empresas estão cada vez mais interessadas em compreender os mecanismos da sua infraestrutura de TI, uma vez que essa infraestrutura suporta diferentes aspectos de um ambiente operacional adaptável e a pedido, como a resposta a fluxos inesperados de volumes de trabalho e a superação de falhas imprevistas de ligações de rede, servidores individuais ou locais inteiros [21].

A realização destes objectivos técnicos é talvez necessária para que as empresas deixem de depender de uma capacidade fixa e de activos dispendiosos e passem a depender de uma capacidade variável com uma estrutura de custos variável para o processamento de cargas de trabalho de TI [21]. A existência de tais necessidades comerciais, juntamente com os avanços tecnológicos, tornou desactualizadas as ferramentas tradicionais de modelização, conceção e avaliação de TI atualmente utilizadas. No entanto, os consultores de TI, os arquitectos e os seus clientes tornaram-se menos capazes de visualizar, estimar e quantificar claramente os efeitos financeiros e técnicos das redes GRID e das iniciativas a pedido [22].

Enquanto os recursos de TI se tornam mais flexíveis e menos dedicados a determinadas aplicações, a capacidade de conceber a programação tornou-se essencial para encaminhar as cargas de trabalho para os recursos e integrar o seu comportamento no planeamento da melhor capacidade de recursos necessária em horas extraordinárias [23]. Para saber que nível de capacidade de resposta é necessário e resiliente na conceção da infraestrutura, é necessária a capacidade de simular a variabilidade aleatória e os choques na procura de cargas de trabalho e na disponibilidade de recursos. Além disso, a fim de estimar os efeitos financeiros das caraterísticas a pedido, como as estruturas de custos variáveis associadas à utilização da infraestrutura em vez da sua propriedade, são também necessárias capacidades de análise financeira na modelização e conceção das ferramentas [21].

2.1 Gestão de recursos de grelha

A gestão dos recursos é um elemento vital de um sistema de computação em grelha. A gestão de recursos é o procedimento de tratamento dos trabalhos submetidos e dos recursos disponíveis na grelha [24]. O processo direciona os recursos alocados, atribuídos, autorizados, garantidos e autenticados para processar os trabalhos que foram solicitados [25]. Os principais problemas que devem ser tidos em consideração na gestão de recursos da grelha são o equilíbrio de carga e a programação da grelha [26].

Num ambiente de grelha, quando os utilizadores submetem trabalhos, estes trabalhos têm normalmente diferentes necessidades de QoS ou níveis de serviço de melhor esforço aceitáveis exigidos pelo sistema de grelha [27]. Com base nestes requisitos, é necessário um sistema de gestão de recursos para gerir todos os pedidos e exemplos de recursos da grelha que são guardados na base de conhecimentos pertencente ao serviço de match making e que constituem a entrada do algoritmo . Por outro lado, o resultado do algoritmo é o número de recursos da grelha classificados com base no grau de correspondência. No entanto, a estrutura sugerida considera as caraterísticas do recurso individualmente sem considerar as caraterísticas de cada trabalho [28].

No seu estudo, utilizou o conceito de Qualifying Resource Collection (QRC) para encontrar o conjunto mínimo de recursos que devem ser afectados aos postos de trabalho de modo a satisfazer as suas necessidades. Para um número específico de postos de trabalho, podem existir muitos QRCs que representam a possível afetação dos recursos para o posto de trabalho. A relação entre os postos de trabalho e os QRCs sublinha que os requisitos e consumos dos postos de trabalho são satisfeitos pelos recursos dos QRCs correspondentes [29]. Cada posto de trabalho tem alguns requisitos para explicar e fornecer dependências de recursos para vários tipos de recursos. Cada dependência impõe restrições de atributos aos valores dos atributos do recurso de um determinado tipo [30]. Um trabalho pode indicar restrições temporais e de localização opcionais [29].

Um posto de trabalho tem a capacidade de indicar preferências que oferecem critérios de seleção se o conjunto de múltiplos recursos satisfizer as dependências que estão ligadas a um posto de trabalho. Um posto de trabalho pode também especificar as suas preferências, quer oferecendo um método de ordenação de recursos qualificados, quer classificando simplesmente certas instâncias de recursos por um valor de atributo ou por um nome [31].

Cada posto de trabalho tem atributos potenciais que garantem o seu processamento com recursos adequados que podem satisfazer as necessidades desse posto de trabalho. No entanto, o modelo de grafo sugerido tem em consideração o problema de correspondência entre recursos e postos de trabalho sem tocar na questão de quanto tempo demora o recurso a ser processado. [32] Na sua investigação, propôs a utilização do método de descoberta de recursos, que se baseia tanto na lista de adjacências como no algoritmo de colónia de formigas. O modelo de descoberta de recursos sugerido tem 3 camadas; estas camadas são as seguintes Camada Peer-To-Peer (P2P), camada (Organização Virtual) VO e a camada de recursos. A camada P2P é composta por muitos supernós em que cada nó significa um domínio de super gestão. Esta camada é também reformulada de forma a dar à camada a capacidade de interagir com informações entre diferentes supernós. Quando estes supernós tentam encontrar recursos, o utilizador começa por pedir o recurso que existe nos supernós da VO local disponível [33].

2.2 Programação de grelha

Nos sistemas de grelha, a chave principal do serviço de grelha é o escalonamento; as questões relativas ao equilíbrio da carga e à atribuição de tarefas constituem um problema mútuo que os sistemas de grelha enfrentam normalmente. Um algoritmo de escalonamento tem como objetivo maximizar o rendimento e minimizar o tempo de computação, bem como evitar sobrecargas que alguns recursos possam enfrentar [34]. Para que este objetivo seja atingido, é necessário ter em consideração as condições dos trabalhos e dos recursos, tais como as caraterísticas do trabalho e a capacidade dos recursos. O problema de escalonamento da computação em grade é classificado como Polinomial Não Determinístico (NP) - o que significa que ainda não existe um algoritmo específico que tenha a capacidade de resolver o problema em tempo polinomial [35].

O algoritmo de escalonamento pode considerar o escalonamento dinâmico ou estático. Neste tipo de escalonamento, a informação relativa aos recursos, aos trabalhos e à rede de comunicações é previamente conhecida e, antes do início da execução, cada trabalho é atribuído a um recurso adequado. Quando a execução se inicia, o trabalho é executado no mesmo recurso sem interrupções [36]. No entanto, este tipo de programação continua a ter uma desvantagem principal, ou seja, a informação relacionada com os recursos e com o trabalho mantém-se constante durante a execução do processo.

2.2.1 O processo e os componentes da programação de grade

Uma grelha é um sistema altamente diversificado que é condensado por muitas aplicações, componentes de middleware e recursos [37]. No entanto, do ponto de vista da funcionalidade, é possível encontrar uma arquitetura lógica do subsistema de programação de tarefas da Rede. A título de exemplo, uma arquitetura comum de programação de tarefas em grelha foi proposta por [32]. O processo de escalonamento de uma grade pode ser generalizado em três fases: descoberta e filtragem de recursos, seleção e escalonamento de recursos de acordo com determinados objetivos e submissão de tarefas [38].

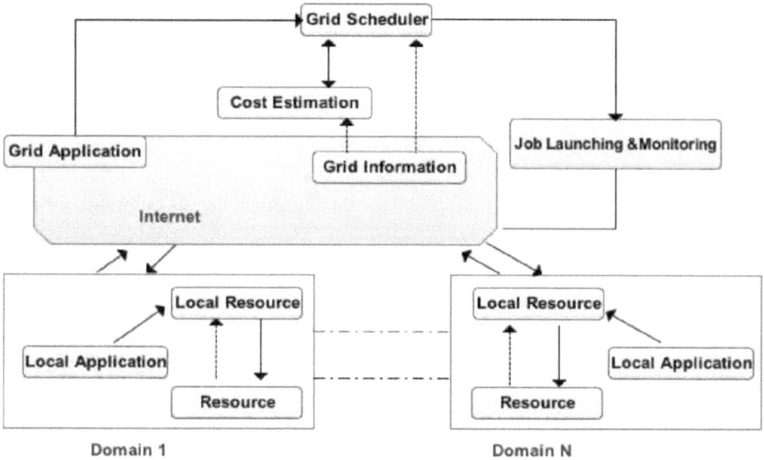

Figura 2.1: Uma Arquitetura de Escalonamento de Grelha Lógica [9]

As linhas tracejadas mostram fluxos de informação sobre recursos ou aplicações e as linhas sólidas mostram fluxos de comandos de tarefas ou de programação de tarefas [38].

O objetivo é estudar os algoritmos de programação quando nos concentramos no segundo passo, tendo em conta as observações mencionadas. A figura. 2.1 acima representa um modelo de sistema de escalonamento em grade no qual duas formas de fluxo de dados conectam os componentes funcionais, a saber, o fluxo de informações sobre recursos ou aplicações e o fluxo de comandos de escalonamento de tarefas ou tarefas [38]. Basicamente, os utilizadores da grelha enviam aplicações para um programador de grelha (GS) e, de acordo com a informação adquirida, o programador de grelha seleciona recursos viáveis para a aplicação a partir do módulo de serviço de informação da grelha e, em seguida, cria mapeamentos aplicação-recurso, dependendo do desempenho previsto do recurso e de funções objectivas específicas [28]. Enquanto os sistemas paralelos e distribuídos tradicionais têm a capacidade de controlar diretamente os recursos da grelha, os escalonadores da grelha não têm esta caraterística, uma vez que funcionam como agentes ou corretores, embora trabalhem em estreita colaboração com as aplicações, como propõe o esquema de escalonamento ao nível da aplicação [39].

Os programadores de grelha não têm de estar localizados com os recursos visíveis no mesmo domínio. Embora a Figura. 2.1 acima mostre um único escalonador de grade, na realidade vários escalonadores podem ser implantados e organizados para construir várias estruturas (descentralizadas, centralizadas e hierárquicas) com base em diferentes preocupações, como escalabilidade ou desempenho [28, 40]. Apesar de um escalonador a nível de Grid (por vezes referido como Metascheduler na literatura), por exemplo, na infraestrutura Grid 4 não ser um componente indispensável (por exemplo o Globus Toolkit não o inclui, o padrão desertor na comunidade de computação Grid), sem dúvida que este tipo de componente de escalonamento é crítico para usar a possibilidade de Grid devido ao seu rápido gasto, combinando recursos de supercomputadores para

computadores de secretária [41].

Os algoritmos de programação baseiam-se na possibilidade de existência de um programador numa grelha [41]. A disponibilidade de informação relacionada com o estado dos recursos existentes é fundamental para que um programador de grelha possa desenvolver uma programação adequada, especialmente quando se considera a natureza dinâmica e heterogénea da grelha. O principal papel do serviço de informação da grade (GIS) é fornecer este tipo de informação aos programadores da grade [28]. Sua responsabilidade é coletar e prever o estado das informações do recurso, como a capacidade da CPU, a largura de banda da rede, a carga de um determinado site num período específico, o tamanho da memória e a disponibilidade de software. O SIG tem a capacidade de responder a pedidos de informação sobre recursos e de enviar informações aos subscritores. Um exemplo de SIG é o Globus Monitoring and Discovery System (MDS) [28, 42].

Para além da informação bruta sobre os recursos que o SIG fornece, as propriedades da aplicação (por exemplo, memória, dependência de subtarefas num trabalho, requisitos de armazenamento, volumes de comunicação e quantidade aproximada de instruções) e o desempenho dos recursos para as espécies de aplicações são necessários para elaborar um calendário viável [43, 44]. O objetivo da definição de perfis de aplicações (AP) é extrair as propriedades das aplicações, enquanto que o objetivo da avaliação comparativa analógica (AB) é fornecer uma medida da capacidade de um recurso para concluir um trabalho específico de forma adequada. Com base no conhecimento disponível de AP e AB, e, quando um determinado modelo de desempenho é seguido, a estimativa de custos calcula o custo do programa candidato no qual um programador seleciona o programa que tem a capacidade de otimizar as funções objetivo [28].

O módulo de Lançamento e Monitorização (LM), que em alguma literatura é descrito como "aglutinador", aplica um calendário finalmente determinado. Isto é feito quando submete as aplicações a um recurso escolhido, prepara os dados de entrada e as tabelas e monitoriza a execução da aplicação. O Globus GRAM (Grid Resource Allocation and Management) é um exemplo de um LM [28, 45].

A responsabilidade de um gestor de recursos local (LRM) consiste em efetuar o agendamento local dentro de um domínio de recursos, em que, para além de executar os trabalhos dos utilizadores exteriores da Grid, o LRM executa os trabalhos dos utilizadores locais do domínio e, em seguida, comunica a informação sobre os recursos ao GIS. Dentro de cada domínio, um ou vários programadores locais são responsáveis pela execução de acordo com as políticas de gestão de recursos especificadas localmente. O Open PBS e o Condor são bons exemplos desses programadores locais [46].

O LRM é responsável pela recolha de informações sobre os recursos locais, utilizando ferramentas específicas como o Ganglia [47] e o Network Weather Service [48], e comunicando depois as informações sobre o estado dos recursos ao SIG[28].

2.3 O ambiente de computação em grelha

Segundo [49], a computação em grelha permite a recolha de fontes de dados e a computação distribuída que são heterogéneas e que vários domínios administrativos possuem para um sistema de computação vasto e diversificado que dá acesso sem descontinuidades a vários recursos, dispensados e díspares. As aplicações que mais beneficiam da computação em grelha são as que têm um paralelismo inerente, requerem a integração de dados através de múltiplas fontes ou necessitam de grandes volumes de processamento [49, 50]. A Figura 2.2 abaixo mostra a perspetiva operacional do ambiente de grelha generalizado.

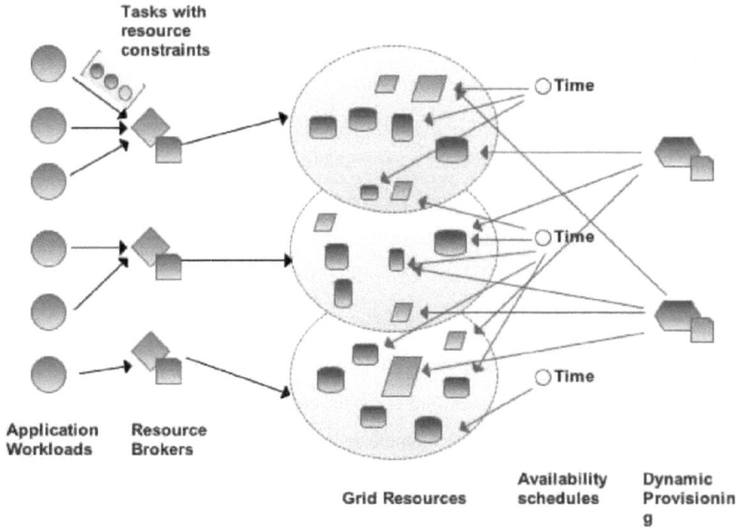

Figura 2.2: Fluxos Operacionais num Ambiente Grid [22].

As cargas de trabalho das aplicações que comprometem tarefas que o recurso processaria na grelha são atribuídas a corretores (ou gestores) de recursos, que actuam como "portas de entrada" para a grelha. Geralmente, podem existir vários corretores no ambiente da grelha. Cada broker tem a sua própria política de programação que explica como atribuir as tarefas da carga de trabalho aos recursos disponíveis na grelha. A figura mostra como o corretor pode submeter as tarefas a um único subconjunto de todos os recursos disponíveis na grelha (as ovais a tracejado mostram isso). Todos os recursos existentes não devem ser do mesmo tipo (ao contrário dos clusters) e podem provir de plataformas de hardware e sistemas operativos heterogéneos. O recurso dentro de uma grelha pode ser encontrado utilizando um calendário que se baseia no calendário (representado pelos ícones de relógio). O aprovisionamento dinâmico pode influenciar a disponibilidade dos recursos. O aprovisionamento refere-se à capacidade automatizada de configurar um recurso de modo a poder processar determinados tipos de tarefas. Por exemplo, um servidor pode ser construído com software de servidor de aplicações para ser capaz de processar transacções em linha de um determinado tipo. O aprovisionamento dinâmico (conhecido nalguma literatura como orquestração) aplica políticas para indicar quando se deve mudar um recurso da capacidade de processar um tipo de tarefa para outro, por exemplo, mudar uma fonte de um servidor Web para um servidor de aplicações. A simulação do ambiente de grelha requer a modelação e a implementação de algumas caraterísticas.

2.3.1 Recursos informáticos multi-tarefas

Os servidores de bases de dados, os dispositivos de armazenamento de dados, os processadores e as ligações de rede são recursos multitarefa preemptivos. Quando um recurso recebe tarefas, estas são movidas para uma fila no processo juntamente com outras tarefas que o recurso tenha processado [21]. O recurso processa cada tarefa durante um período de tempo específico e depois move a tarefa para a fila de processamento (no caso de não estar à espera de outros recursos). A multitarefa leva a que a submissão de uma nova tarefa altere o tempo de conclusão das tarefas actuais que estão a ser processadas pelo recurso. Se a gestão de tarefas fosse simulada em pormenor em cada recurso, isso consumiria muito tempo, especialmente se o ambiente de grelha tivesse centenas de recursos que deveriam ser simulados durante várias semanas.

Em vez disso, quando um recurso recebe uma nova tarefa, o simulador deve efetuar uma boa aproximação do comportamento da multitarefa. Isto pode ser conseguido através da reestimativa do tempo de conclusão de cada tarefa que é processada pelo recurso [51].

2.3.2 Decomposição de tarefas

O trabalho de cada carga de trabalho pode ser definido pelos requisitos dos recursos. A terminologia de uma "tarefa" é utilizada para explicar a necessidade de um recurso num determinado trabalho. Cada requisito de um recurso pode ser derivado de uma determinada configuração de uma base de dados ou de um servidor. Por exemplo, um determinado trabalho pode ser composto por três tarefas: obter dados de uma base de dados de um cliente, efetuar a extração de dados num servidor informático específico e, em seguida, adicionar os resultados a uma base de dados de vendas. O modelo necessita de uma decomposição de tarefas devido à conceção das grelhas que, normalmente, privilegia a disponibilização de um tipo específico de recurso (por exemplo, servidores) numa grelha, após o que o modelo examina o efeito noutros recursos (por exemplo, base de dados, largura de banda da rede) que a tarefa requer [52, 53].

2.3.3 Paralelização de tarefas

Como descrito anteriormente, todas as tarefas de um trabalho podem ser paralelizáveis. Este é normalmente o caso em cargas de trabalho de grelha. A paralelização pode ser feita de duas formas. O primeiro tipo é o "embaraçosamente paralelo", no qual as tarefas simples podem ser divididas em muitos pedaços com base nos recursos disponíveis. No segundo tipo, as tarefas são mais limitadas do que no tipo anterior e podem conter um certo número de caminhos paralelos, sem levar em consideração o número de recursos disponíveis [54].

2.3.4 Recursos heterogéneos

Os recursos de grelha podem ser fornecidos com plataformas, sistemas operativos e modelos de vários fornecedores. Por conseguinte, o tempo de processamento da tarefa depende do desempenho do parâmetro de referência. Um recurso pode estar ligado a vários padrões de referência de desempenho; estes padrões de referência são aplicáveis a vários tipos de tarefas de computação. Por exemplo, as classificações TPC-C devem ser utilizadas para tarefas de natureza transacional, em que a entrada e saída de dados é substancial, enquanto as classificações SPEC-FP e SPEC-INT estão relacionadas com as tarefas de computação intensiva [55].

2.3.5 Programação de recursos

O simulador de grelha tem de incluir políticas de programação de modelos que são implementadas por corretores de recursos, a fim de especificar o recurso que tem de processar a tarefa que chega [56]. As políticas típicas são regras de despacho de tarefas, tais como:

- Nivelamento de carga: nesta regra, o recurso menos utilizado recebe a tarefa para equilibrar a utilização em todos os recursos compatíveis com a tarefa.
- Ganancioso: o recurso recebe a tarefa que pode ser concluída mais rapidamente.
- Round robin: o recurso compatível seguinte recebe a tarefa numa sequência específica.
- Com base em limiares: um recurso preferido recebe a tarefa até que seja ultrapassado um determinado limiar de parâmetros de desempenho.

Os projectistas de redes podem efetuar simulações para avaliar estas escolhas e avaliar o desempenho das redes, a fim de identificar a melhor política.

2.3.6 Provisionamento de recursos

A capacidade de fornecer recursos para processar tipos específicos de tarefas é outra caraterística que pode ser simulada. As políticas de aprovisionamento podem basear-se num calendário (por exemplo, um departamento precisa de um servidor para funcionar como servidor de correio eletrónico durante o horário de trabalho diário, enquanto nos dias de folga e após o horário de trabalho pode ser libertado para funcionar como processador de extração de dados na grelha), ou basear-se numa política mais dinâmica que permita monitorizar a chegada de cargas de trabalho e a utilização de recursos e reagir em conformidade [55]. Estas simulações de políticas de aprovisionamento executadas em simultâneo com as políticas de programação de recursos podem dar aos conceptores de grelhas a capacidade de especificar as respectivas políticas alinhadas que são coerentes entre si e proporcionam o desempenho necessário em termos de tempos de processamento, de carga de trabalho e de disponibilidade de recursos.

2.4 Otimização da programação da grelha

A responsabilidade dos programadores consiste em gerir os trabalhos, como a atribuição dos recursos necessários a cada trabalho, a separação dos trabalhos para programar a execução de tarefas paralelas, a gestão dos dados, a correlação dos eventos e o fornecimento de capacidades de gestão ao nível dos serviços. Os programadores criam uma estrutura hierárquica através de meta-programadores que criam o programador de raiz, bem como quaisquer programadores de nível inferior, para além de conferirem capacidades de programação específicas que constituem as folhas.

O objetivo do escalonamento é reduzir o tempo de conclusão de uma aplicação paralela, atribuindo as tarefas aos processadores de forma adequada. Geralmente, o escalonamento enfrenta dois problemas: estático e dinâmico. Quando se utiliza o escalonamento estático, as caraterísticas do programa paralelo (tempo de processamento da tarefa, comunicação, etc.) são identificadas antes da execução do programa. Enquanto no escalonamento dinâmico, o objetivo é diminuir o tempo de conclusão do programa, bem como diminuir a sobrecarga de escalonamento que constitui uma grande parte do custo de execução do escalonador.

Foram utilizados quatro algoritmos para a experimentação - o algoritmo Hill climbing, o recozimento simulado, a pesquisa Tabu e o algoritmo genético. Os padrões utilizados para a avaliação do desempenho são o tempo gasto na preparação do programa e o tempo gasto na execução desse programa.

O valor da feromona armazenado num recurso da grelha é a única comunicação indireta que existe. Para desenvolver uma arquitetura deste tipo, a rainha tem de criar um novo agente. Os recursos da grelha podem estar indisponíveis ou disponíveis sem notificação prévia [57]. O explorador assume a responsabilidade de encontrar novos recursos da grelha que possam fornecer serviços computacionais e de os suplementar na tabela de recursos da grelha. Por outro lado, a responsabilidade de um testador é executar um programa de amostra num recurso de grelha específico e, em seguida, testar o tempo consumido para a computação nesse programa de amostra. Com base no tempo necessário para a conclusão, o testador tem de atualizar o valor da feromona do recurso. Assim, o trabalhador seleciona um recurso de grelha existente e executa o recurso com o trabalho de computação [58].

Os recursos que têm um valor de feromona mais elevado terão mais hipóteses de serem selecionados. No final, a responsabilidade do limpador será remover da tabela de recursos da grelha os recursos que tenham um baixo valor de feromona. No entanto, o algoritmo sugerido não teve em consideração o problema do balanceamento de carga de cada recurso [59].

- **Subida de colina (HC)**

O algoritmo Hill climbing começa com um programa aleatório. Cria pequenas alterações ao programa em sequência, melhorando-o de cada vez. Num determinado momento, o algoritmo chega a um nível em que não pode melhorar mais e termina. Quando esse ponto é atingido, o horário está o mais próximo do ótimo, altura em que o Hill climbing não pode aproximar-se mais de uma solução mais óptima [60].

- **Recozimento simulado (SA)**

O recozimento simulado é um meta-algoritmo probabilístico alargado para resolver o problema da otimização global, que é conseguido apontando para uma aproximação adequada ao ótimo global de um determinado objetivo num grande espaço de pesquisa. Utilizando este processo com a ajuda de um análogo, cada passo do algoritmo de recozimento simulado substitui a solução disponível (programação) por qualquer solução aleatória próxima que é selecionada com base na possibilidade de uma diferença existente entre um parâmetro global t que é minimizado durante o processo e os valores da função correspondente. A confiança é depositada na solução aleatória existente quando o valor de t é elevado, mas gradualmente "desce" à medida que desce para zero. A permissão de movimentos "ascendentes" evita que este método fique preso em mínimos locais. A pesquisa local utiliza a indicação de que a implementação de pequenas alterações pode desenvolver uma solução proposta S. As soluções adquiridas através da alteração da solução S são designadas por vizinhos de S. O algoritmo de pesquisa local começa por ter uma solução primária e move-se de um vizinho para outro tantas vezes quanto possível até que o valor das funções objetivo seja minimizado. O obstáculo que esta estratégia enfrenta é que não consegue evitar mínimos locais quando não se encontram mais soluções vizinhas que possam minimizar o valor da função objetivo [61].

A heurística pára quando não há alterações no makespam durante um determinado número de iterações ou quando a temperatura do sistema se aproxima de zero.

- **Pesquisa tabu (TS)**

Este método é uma otimização matemática que pertence à classe das técnicas de pesquisa local. A pesquisa tabu melhora o desempenho de um método de pesquisa local através da aplicação de estruturas de memória: quando uma solução específica é especificada, é rotulada como tabu para que o algoritmo evite visitar novamente essa possibilidade. Isto é conseguido através do rastreio da última solução pela ação utilizada para mover uma determinada solução para outra. Quando uma ação específica é executada, é classificada como tabu durante as T iterações seguintes, em que T indica o comprimento do tabu. Uma solução não é permitida se for adquirida através da implementação de um tabu na solução existente [62].

Em [17], é aplicada uma TS que começa com uma solução inicial de mapeamento aleatório, obtida a partir de uma distribuição uniforme. Para que a solução existente seja manipulada e movida através do espaço de soluções, é implementado um salto curto. O método normal para implementar um salto curto é encontrar a solução mínima local mais próxima que existe no espaço de soluções. O passo simples de efetuar um salto curto ajuda a considerar todos os pares prováveis de tarefas e todos os pares prováveis de atribuições de máquinas, quando o resto das atribuições são mantidas sem qualquer alteração. Quando o novo makespam existe para efeitos de melhoria, a solução existente é guardada e substitui a solução anterior.

O fim do procedimento de salto curto ocorre nos seguintes cenários: (1) quando cada combinação de remapeamento de pares é consumida sem mostrar qualquer progresso, ou (2) quando o número total de saltos bem sucedidos atingiu o seu limite máximo. Após a conclusão do procedimento de saltos curtos, o mapeamento final na pesquisa do espaço de solução local é adicionado à lista tabu. A lista tabu é um procedimento que mantém o registo das regiões do espaço de solução que são pesquisadas. Depois disso, um novo mapeamento é criado aleatoriamente, sob a condição de ser diferente de todos os outros mapeamentos listados na lista tabu por um mínimo de metade das atribuições de máquinas que resultam num salto longo. A razão provável para um salto longo é a deslocação para uma nova região não pesquisada do espaço de soluções. Após um salto longo bem sucedido, o procedimento de salto curto é efectuado novamente. A heurística termina quando o número total de saltos curtos bem sucedidos e de saltos longos é igual ao número limite de saltos. Finalmente, o melhor mapa da lista tabu é considerado o mapa final.

- **Algoritmo genético** (GA)

Este algoritmo é um método de pesquisa aplicado em computação que ajuda a encontrar soluções específicas ou soluções aproximadas de problemas de pesquisa e otimização. O

O Algoritmo Genético é especificado como uma heurística de pesquisa global [63].

Os algoritmos genéricos são uma classe de algoritmos evolutivos e também são conhecidos como computação evolutiva. Implementam diferentes técnicas que são estimuladas pela biologia evolutiva, como o cruzamento, a mutação, a herança e a seleção. O método mais conhecido de funcionamento do algoritmo genético é o seguinte. Um grupo de indivíduos cria uma população de forma aleatória. Esses indivíduos são avaliados [64]. O programador cria a função de avaliação, que dá a cada indivíduo uma pontuação específica, dependendo do seu desempenho em tarefas específicas. Depois disso, com base na aptidão dos indivíduos, são escolhidos dois e o que tiver melhor aptidão tem mais hipóteses de ser escolhido. Os indivíduos são reproduzidos de modo a obter uma ou mais crias, que sofrem mutações aleatórias. O procedimento continua continuamente até que uma solução desejada seja criada ou quando algumas gerações passam com base nas necessidades da solução [65].

Um dos algoritmos heurísticos mais conhecidos que tem a capacidade de resolver problemas de programação é o algoritmo genético PGA e o algoritmo de otimização de qualquer colónia, também designado por Antls. O algoritmo PGA produz cromossomas utilizando uma codificação baseada na precedência. O algoritmo PGA ajuda a melhorar o tempo de conclusão da tarefa aplicando as acções de combinação e mutação[66].

- **Otimização por Enxame de Partículas (PSO)**

Trata-se de uma nova técnica de otimização evolutiva inspirada pela natureza. Ela reproduz a prática de um enxame de pássaros a predar [67]. Este tipo de técnica pode efetuar uma pesquisa global e foi implementada com sucesso em muitos domínios, como a otimização estrutural, a análise e conceção de sistemas de controlo e o treino de redes neuronais. Tem menos parâmetros de algoritmo em comparação com o algoritmo simulado e o algoritmo genético. Além disso, o algoritmo de otimização por enxame de partículas é adequado para a maioria dos problemas globais óptimos [68].

- **Algoritmos de otimização por colónias de formigas (ACO)**

Existem vários estudos relacionados com a programação de tarefas que implementam o algoritmo ACO num ambiente de grelha [69]. O ambiente de grelha implementa a ideia do ACO mas altera a regra de atualização da feromona; isto é conseguido através da adição de factores como o equilíbrio da carga, o incentivo e o castigo.

Em [70], foram implementados muitos tipos de ACO para obter vários caminhos óptimos para o encaminhamento da rede. Esta ideia pode ser utilizada para encontrar vários recursos disponíveis e que podem ajudar a equilibrar a utilização de recursos que é feita no planeamento de tarefas. A principal ideia significativa é que cada tipo de formiga tem a capacidade de detetar apenas a sua própria feromona para determinar vários caminhos, entre os quais o caminho mais curto. No entanto, pode ocorrer um problema se todas as formigas encontrarem o mesmo caminho, o que tornará a sua utilização menos eficaz do que se fosse utilizado apenas um tipo de formiga. Além disso, um algoritmo específico pode ser eficiente num determinado ambiente, mas ineficiente num ambiente diferente.

Em [71], foi implementado o algoritmo ACO híbrido com uma discernibilidade diferente para o problema do job shop scheduling. Este algoritmo é baseado em duas ideias. A primeira é o algoritmo ACO básico, e a segunda ideia implementa o algoritmo de pós-processamento na parte de pesquisa local do algoritmo ACO. Quando o ACO termina, todos terminam as suas próprias rondas. Cada ronda pode ser dividida em blocos. O bloco de troca tem de ter pelo menos três operações. O algoritmo de pós-processamento implementa a operação de troca em cada bloco. No caso de a troca refinar o makespam, o novo caminho será aprovado; caso contrário, a troca não será válida e o bloco trocado regressa ao seu estado anterior.

O algoritmo Ants, que faz parte da otimização da colónia de formigas, ajuda a resolver o problema utilizando a lista de programação. A investigação aqui proposta tentará criar uma solução melhor com base no algoritmo de colónia de abelhas artificiais. A segunda parte desta investigação considera o problema do agendamento de tarefas parciais num sistema distribuído [72]. A terceira parte explica o comportamento de uma abelha na natureza, bem como o algoritmo da colónia de abelhas artificial. A quarta parte apresenta a solução proposta, enquanto a última parte apresenta e discute os resultados obtidos.

2.5 Otimização de colónias de abelhas (BCO)

O estudo de indivíduos em múltiplos sistemas descentralizados mostrou que a inteligência de enxame faz parte da inteligência artificial. Sendo construída como uma nova abordagem, a meta-heurística BCO foi proposta como uma abordagem no âmbito da inteligência de enxame [73]. Os agentes são representados como abelhas artificiais que criam uma solução combinada para problemas complicados de otimização combinatória. A colónia de abelhas artificiais actua por vezes de forma semelhante e por vezes diferente das colónias de abelhas na natureza. Encontram a lacuna do problema para procurar soluções prováveis. As abelhas artificiais colaboram e partilham informações para obter soluções adequadas [74].

2.5.1 O comportamento das abelhas na natureza

As colónias de insectos sociais, como as abelhas, têm uma inteligência instintiva que é conhecida como compreensão colectiva. Este tipo de comportamento organizado dá à colónia a capacidade de resolver questões relacionadas com o comportamento de assistência do grupo. Uma colónia de abelhas prospera organizando as suas forrageadoras nos campos desejados. Em princípio, os canteiros de flores que têm uma quantidade aceitável de néctar e que podem ser recolhidos sem grande esforço devem atrair mais abelhas, enquanto outros canteiros de flores que não têm muito néctar devem acolher menos abelhas [75]. Cada colmeia tem uma pista de dança. Quando uma abelha regressa de uma colheita, executa uma dança específica. Esta dança ajuda a convencer as outras abelhas a seguirem a abelha forrageira.

Na sociedade das abelhas, a responsabilidade da abelha forrageira é encontrar caminhos de flores e, se o conseguir, partilha esse local com as restantes abelhas. Quando a abelha forrageira regressa à colmeia, executa um movimento especial chamado dança do abanar para partilhar a informação recolhida sobre a fonte de alimento. Estudos relacionados com a dança das abelhas descobriram que a dança do abanar ajuda a distribuir informações como a distância, a qualidade, a direção e a quantidade do alimento com o resto da colónia.

Durante a fase de recolha de informações e outras missões, como a extração da localização do alimento, cada abelha tem um lado do trabalho. Em geral, durante a fase de procura de alimento, as colónias de abelhas contêm dois tipos diferentes de abelhas: as forrageadoras empregadas e as forrageadoras desempregadas.

2.5.2 Forrageadores desempregados

Ao procurar recursos alimentares, uma abelha não tem qualquer informação no ambiente de pesquisa sobre essa fonte de alimento. A abelha que efectua esta procura é considerada uma abelha desempregada ou livre [76]. Em geral, existem dois tipos de forrageiras desempregadas. Eles são os seguintes:

A) Abelha batedora: Uma abelha batedora é uma abelha que procura recursos alimentares na singularidade sem ter qualquer informação. O número de abelhas batedoras varia entre 5 e 30 por cento com base na informação das grutas. No entanto, em média, o número destas abelhas ronda os 10 por cento.

B) Abelha recruta: Uma abelha recruta é uma abelha que observa a dança de outra abelha e depois começa a navegar com base na informação fornecida pela dança de abanar.

2.5.3 Forrageadores empregados

Quando uma abelha descobre o néctar e o extrai, esta abelha é considerada uma abelha forrageira exploradora. A abelha memoriza a localização da fonte de alimento, e depois regressa à colmeia e deita o néctar que recolheu na colmeia [77]. Nesta fase, e com base no néctar restante na fonte de alimento, haveria três estados possíveis:

- Quando o néctar encontrado na fonte de alimento se torna pequeno ou se esgota, a abelha forrageira navegadora ignora a fonte de alimento e torna-se uma abelha sem trabalho ou livre.

- Quando a fonte de alimentação tem néctar suficiente, a abelha continua a procurar alimento acompanhada pelas suas companheiras de colmeia, mas não partilha informações sobre o alimento.

- Quando a fonte de alimento tem néctar suficiente, a abelha dirige-se para a pista de dança e executa a dança do abanar para partilhar a informação recolhida sobre a fonte de alimento com os seus companheiros de colmeia.

2.6 Ferramentas para Simulação de Sistemas Paralelos e Distribuídos

Esta secção dá uma ideia geral de algumas das diferentes ferramentas acessíveis que podem ajudar a estimular os sistemas paralelos e distribuídos e explica-as em pormenor. O quadro 1 resume as ferramentas.

Tabela 2.1: Ferramentas de simulação [18]

Não.	Ferramenta	Descrição	Programador	Aplicações-alvo
1.	SimJava	O SimJava fornece uma simulação de eventos discretos baseada em processos com facilidades de animação através de um conjunto de entidades que comunicam entre si.	Universidade de Edimburgo, Reino Unido	Simulação de eventos discretos
2.	Tijolos	O Bricks é uma ferramenta de avaliação do desempenho que analisa e compara vários esquemas de programação num ambiente de computação em grelha de elevado desempenho.	Instituto de Tecnologia de Tóquio, Japão	Simulação de grelha
3.	MicroGri d	A MicroGrid fornece uma ferramenta de simulação que suporta a simulação escalável de aplicações de grelha utilizando recursos agrupados em grelha computacional	Universidade da Califórnia em San Diego, Estados Unidos	Simulação de grelha
4.	Simgrid	O Simgrid simula aplicações distribuídas em ambientes distribuídos heterogéneos.	Universidade da Califórnia em San Diego, EUA	Simulação de grelha

5.	GridSim	O GridSim permite a modelação e simulação de entidades envolvidas em computação paralela e distribuída através da criação e monitorização de diferentes recursos.	Universidade de Monash, EUA	Simulação de grelha
6.	SimOS	O SimOS fornece um ambiente completo de simulação de máquinas que simula hardware de computador para modelar sistemas de computador uniprocessador e multiprocessador.	Universidade de Stanford, EUA	Simulação de sistemas informáticos
7.	Dimemas	Dimemas é uma ferramenta de análise de desempenho para programas de passagem de mensagens. Simula o comportamento temporal de uma aplicação paralela numa máquina ou num cluster de máquinas modelado por um conjunto de parâmetros de desempenho.	O Técnico Universidade da Catalunha, Espanha	Paralelo simulação de programas

2.7 Algoritmos de regras de prioridade

As regras de prioridade são também conhecidas como regras baseadas em filas de espera [78]. Em vez de garantir uma solução óptima, o objetivo destas técnicas é procurar soluções aceitáveis num curto espaço de tempo. Apesar de ser utilizado um algoritmo subóptimo, este algoritmo é utilizado sobretudo para a resolução de problemas de programação na realidade, devido à sua facilidade de implementação e à sua baixa complexidade temporal. Este estudo utiliza três algoritmos de regras de prioridade.

Normalmente, estes programadores são algoritmos de regras de prioridade que são combinados com técnicas metaheurísticas de modo a obter um escalonamento eficaz de tarefas e recursos. Regras de prioridade como a First Come First Serve (FCFS) foram aplicadas anteriormente para resolver o problema das filas de espera [79]. As combinações relatadas consistem na utilização de SJF e LJF para o agendamento inicial do algoritmo de agendamento baseado em algoritmos genéticos [80], estas regras de Shortest Job First (SJF) são utilizadas como agendamento inicial para o algoritmo Swift Scheduler e Longest Job First (LJF) e FCFS como agendamento inicial para o agendamento baseado em Fuzzy Particle Swarm [81].

2.6.1 Primeiro a chegar, primeiro a ser servido (FCFS)

A política First Come First Serve (FCFS), também designada por First In First Out (FIFO), é a forma mais fácil e básica de programação em grelha que interage com o cliente-servidor. No agendamento em grelha, a política FCFS organiza o trabalho consoante a hora de chegada. Isto significa que o primeiro trabalho será processado em primeiro lugar, sem outras tendências ou preferências. Este tipo de conceito é implementado por muitos programadores empresariais conhecidos, como o PBS [82].

Algoritmo FCFS

// firstly Start program.

Ler o número de processos contados em (int).

Ler o tempo de rutura de todos os processos do utilizador.

Ler a hora de chegada de cada processo para este agendamento.

Calcular o tempo de espera e o tempo de retorno.

exibir o resultado do primeiro a chegar, primeiro a ser servido Programação .

Calcular o tempo médio de espera e o tempo médio total de execução e apresentá-lo no ecrã.

Terminar o programa.

SAÍDA

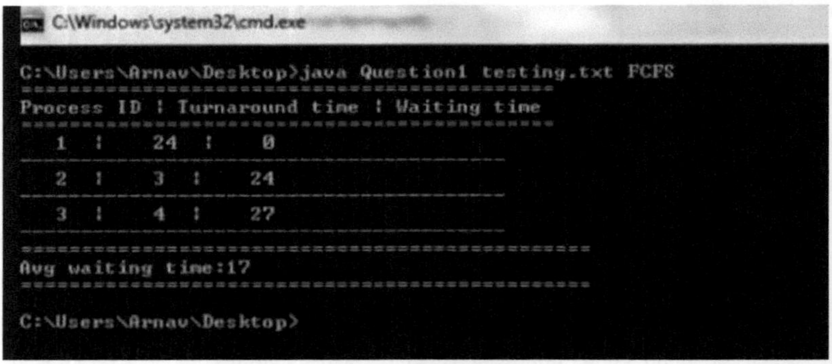

2.6.2 Prazo mais curto primeiro (EDF)

O EDF (Earliest Deadline First) é uma política na qual todos os trabalhos recebidos são agendados com base na sua data de vencimento. Os trabalhos recebidos são colocados na fila de espera de acordo com a cronologia indicada pelo prazo. Os trabalhos que devem ser feitos em primeiro lugar serão os primeiros na fila de processamento [17].

Algoritmo EDF adicionar a nova tarefa ao topo da fila de prioridades

atualizar o bloco de prioridades para apontar para a nova tarefa Se o prazo absoluto da nova tarefa< prazo absoluto da última tarefa adiciona a nova tarefa ao fundo da fila de prioridades Percorre as tarefas sob a prioridade

Se o prazo absoluto da nova tarefa< prazo absoluto da tarefa atual Pausa

adicionar tarefa acima da tarefa atual

Monitorização do prazo: (efectuada em todas as faixas horárias) obter o tempo de funcionamento do sistema da grelha, percorrendo a lista de tarefas ao nível da prioridade

Se o prazo absoluto da tarefa< o tempo de funcionamento do sistema, elimine a tarefa utilizando a função kill

SAÍDA

introduzir o número de processos (5-10):

2

introduzir a hora de chegada, o tempo de rutura e o prazo do processo 1 (0 para nenhum):

0 5 0

introduzir a hora de chegada, o tempo de rutura e o prazo do processo 2 (0 para nenhum):

Tempo médio de espera = (para nenhum)

2.6.3 Trabalho mais curto primeiro (SJF)

Shortest job First (SJF), também designado Shortest Job Next (SJN) ou também designado Shortest

Process Next (SPN), é uma técnica utilizada para o agendamento em que são selecionados os trabalhos com o menor tempo de execução. Dentro da fila, os trabalhos com o tempo de execução mais curto são posicionados em primeiro lugar, enquanto os trabalhos com o tempo de execução mais longo são posicionados em último lugar e recebem uma prioridade baixa. Em teoria, a melhor estratégia para minimizar o tempo de resposta é colocar o trabalho mais curto no recurso mais rápido [78]. Devido à preferência de alguns grupos que a política dá sobre outros grupos de trabalhos, este tipo de política é injusta quando comparada com a política FCFS.

Nalguns casos extremos, alguns trabalhos que têm um tempo de execução curto continuam a chegar, enquanto outros trabalhos que têm um tempo de execução mais longo nunca serão executados e podem esperar indefinidamente. Este caso é chamado "starvation" e pode levar a um problema sério e prova que esta política tem um baixo grau de equidade [82]. Para além disso, pensa-se que o SJF possui o tempo máximo de makespam se o compararmos com outros algoritmos devido a esta caraterística particular.

Algoritmo SJF

Em primeiro lugar, iniciar o processo.

Declare o tamanho da matriz, ou seja, A[10].

Registar o número de elementos a inserir.

Selecionar o processo que tem o menor tempo de explosão Entre todos os processos será executado primeiro.

Se o processo tiver a mesma duração de tempo de rebentamento, é utilizado o algoritmo de programação FCFS (First come First Serve).

Fazer a duração média do tempo de espera do processo seguinte.

Começa com o primeiro processo, seleção como acima, e os outros processos devem estar em fila de espera. Calcula o número total de tempo do Burst.

Visualizar os valores relacionados.

Agora, feche / pare o processo.

SAÍDA

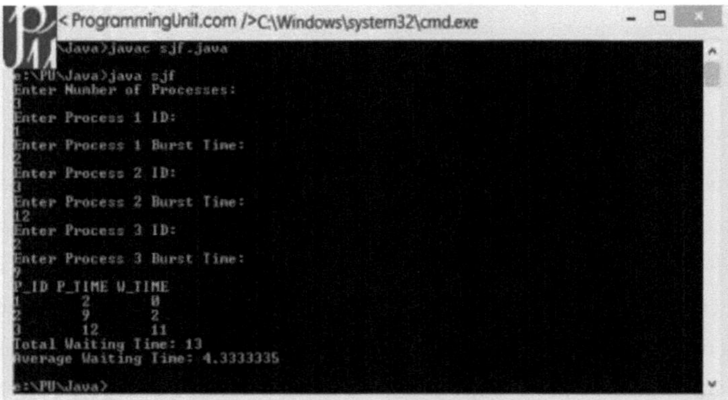

2.6.4 Trabalho mais longo primeiro (LJF)

O Longest Job First (LJF) tem o comportamento oposto ao SJF. Enquanto que o trabalho mais curto é suposto minimizar o tempo de resposta, de acordo com [82], o processamento de um trabalho mais longo baseado primeiro no recurso mais rápido pode diminuir o tempo de fabrico. Assim, o LJF pode sofrer um ligeiro aumento do tempo de resposta.

2.6.5 Data mais antiga de lançamento (DER)

A Data de lançamento mais antiga (ERD) dá prioridade aos trabalhos com a data de lançamento mais antiga dentro da fila. A data de lançamento é a hora de início de cada trabalho e pode ser igual ou diferente. Quando dois ou mais trabalhos querem começar ao mesmo tempo, a regra FCFS será implementada. A investigação provou que, quando não há muitos trabalhos na fila, o ERD tem um desempenho semelhante ao FCFS, no entanto, quando o número de trabalhos aumenta, podem ocorrer resultados diferentes [17].

2.6.6 Tempo mínimo até à data de vencimento (MTTD)

O Minimum Time to Due Date (MTTD) atribui uma prioridade aos trabalhos com base no tempo considerado para a execução do trabalho com o mínimo de atraso [17].

2.8 Resumo

Para que as tarefas possam ser agendadas para múltiplos recursos quando esses recursos estão dispersos no ambiente da grelha, é necessário utilizar um algoritmo adequado que garanta eficiência. Devido ao facto de o escalonamento ser considerado um problema NP completo, têm sido sugeridas várias propostas heurísticas para conseguir escalonar as tarefas nos recursos da grelha. Os algoritmos heurísticos têm a capacidade de produzir melhores soluções ao iniciar o processo de solução com problemas simples, o que fornece soluções para os problemas mais difíceis.

Ao estudar o comportamento social dos insectos, os cientistas informáticos encontraram uma boa fonte que inspirou a conceção de algoritmos de otimização. Os algoritmos inspirados na natureza reflectem a capacidade de diferentes sistemas biológicos para controlar eficazmente ambientes abertos a mudanças. Os algoritmos utilizados são, por exemplo, o algoritmo de forrageamento de bactérias, as redes neuronais, a otimização por enxame de partículas, a computação evolutiva, os sistemas imunitários artificiais e a otimização por colónia de formigas.

Os principais objectivos das colónias de insectos sociais, como as formigas, as abelhas e as vespas, são a formação de enxames e a apresentação de várias caraterísticas comportamentais. O comportamento dos insectos sociais é classificado em autonomia, funcionamento distribuído e auto-organização. Uma parte da inteligência artificial é chamada inteligência de enxame; este tipo de inteligência artificial depende do estudo das actividades dos indivíduos em diferentes sistemas descentralizados. Ultimamente, a otimização de colónias de abelhas (BCO) tem sido proposta como uma nova abordagem à inteligência de enxames. As abelhas artificiais referem-se a agentes que fornecem soluções para problemas de otimização difíceis. Esta BCO propõe um sistema multi-agente para chegar a soluções para problemas de otimização difíceis. O estudo das colónias de abelhas mostrou o interesse desta abordagem para a criação de algoritmos de resolução de problemas.

CAPÍTULO 3

METODOLOGIA

Este capítulo explica a metodologia que este estudo está a utilizar. São executadas três fases principais. A primeira fase identifica os problemas e determina os factores que contribuíram para a sua resolução. A segunda fase concebe e fornece as ferramentas necessárias e o ambiente adequado para resolver o problema e obter os resultados desejados. A terceira fase desenvolve uma simulação das ferramentas. A última fase desta metodologia consiste nos testes que avaliam a eficiência dos resultados. A Figura 3.1 abaixo resume as etapas mencionadas.

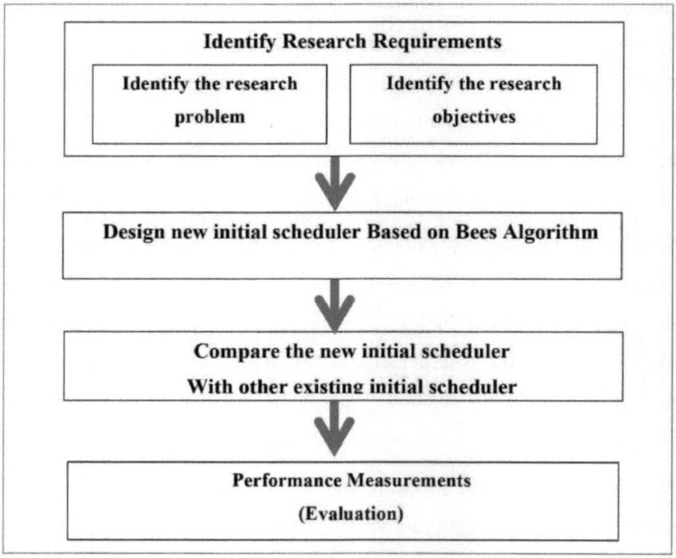

Figura 3.1: As principais etapas do estudo

3.1 Identificar o problema

A computação em grelha é um ambiente distribuído em grande escala, concebido para resolver os problemas relacionados com a computação e os dados no sector da ciência. A grelha é uma infraestrutura com a capacidade de fornecer um mecanismo específico para executar as aplicações num recurso computacional heterogéneo e distribuído geograficamente. O recurso computacional nos ambientes de grelha pode pertencer a vários indivíduos e instituições. Quando os recursos computacionais de vários domínios administrativos são reunidos, é criado um ambiente computacional notável que pode executar as tarefas apresentadas. Para a execução das tarefas, dois factores têm um grande potencial nos ambientes de computação em grelha; esses factores são: a gestão dos recursos e o escalonamento das tarefas.

A gestão de recursos torna possível o acesso aos recursos de um ambiente de grelha, independentemente da plataforma ou da arquitetura do hardware. A necessidade de algoritmos de escalonamento decorre da importância de uma utilização eficaz das capacidades notáveis do ambiente de computação em grelha. Os gestores de grelha utilizam algoritmos de escalonamento de tarefas para distribuir corretamente as tarefas que foram submetidas nos recursos da grelha. Em geral, as tarefas da grelha são entregues aos gestores da grelha pelos utilizadores, após o que os gestores assumem a responsabilidade de escalonar as tarefas nos recursos disponíveis.

Para poder programar tarefas em múltiplos recursos distribuídos em ambientes de grelha, é necessário um algoritmo de programação eficiente e adequado. Devido à natureza NP-completa do problema de escalonamento, foram sugeridos vários métodos heurísticos para escalonar adequadamente as tarefas nos recursos da grelha. Os algoritmos heurísticos fornecem uma solução adequada, resolvendo os problemas simples que existem em problemas complexos.

Recentemente, o estudo do comportamento dos insectos sociais inspirou a conceção e a manipulação de algoritmos de otimização por cientistas informáticos. Os algoritmos inspirados na natureza são considerados de acordo com a sua capacidade de ter sistemas biológicos que podem regular os ambientes mais mutáveis de forma eficiente. Estes algoritmos incluem redes neuronais, otimização por enxame de partículas, algoritmo de forrageamento de bactérias, computação evolutiva, otimização por colónia de formigas e sistemas imunitários artificiais.

As principais caraterísticas das diferentes colónias de insectos sociais, como as abelhas, as formigas, as térmitas e as vespas, são a enxameação e a proposta de várias caraterísticas e comportamentos. O comportamento social dos insectos é caracterizado pela autonomia, funcionamento distribuído e auto-organização. A inteligência de enxame é uma parte da inteligência artificial que depende do estudo das acções dos indivíduos em diferentes sistemas descentralizados. Ultimamente, a otimização de colónias de abelhas (BCO) foi introduzida como uma nova perspetiva na discussão sobre a inteligência de enxames. As abelhas representam agentes que têm respostas colaborativas e podem resolver problemas complicados de otimização combinatória. O estudo das colónias de abelhas tem sido estimulante para o desenvolvimento de algoritmos de resolução de problemas, e a BCO propõe um sistema multi-agente (colónia de abelhas) para resolver problemas de otimização complicados.

3.2 Comparar todos os programadores iniciais e utilizar o melhor

O programador inicial proposto, baseado na Figura 3.2, apresenta o esquema geral do algoritmo. A figura mostra os pedidos que os utilizadores da rede introduzem no sistema. Quando o sistema recebe uma tarefa, a prioridade e o prazo das tarefas são especificados. Quando as tarefas são entregues, é atribuído um ID especial a cada tarefa por um pré-escalonador; depois disso, o recurso recebe a tarefa com o nome Priority Based Bee Scheduling (PBBS). Todas as tarefas são colocadas em fila de espera no PBBS para serem despachadas no recurso da grelha. Finalmente, o PBBS seleciona as tarefas com base nas prioridades e nos prazos. As tarefas com a prioridade mais elevada e o prazo mais próximo são escolhidas em primeiro lugar.

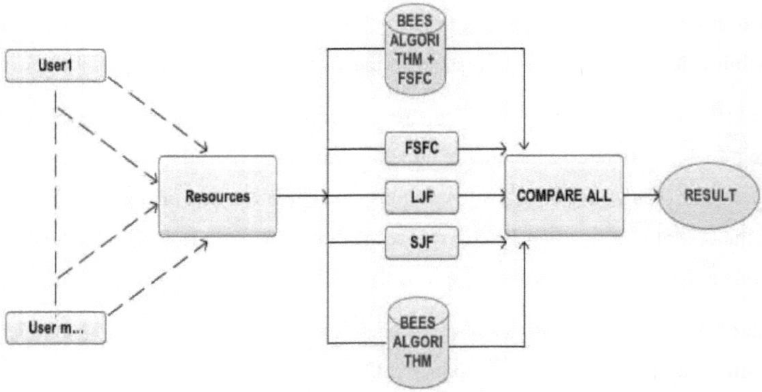

Figura. 3.2: Esquema geral do fluxo de trabalho

3.3 O algoritmo proposto

A realização de um estudo comparativo permite aos utilizadores selecionar o algoritmo de regras de prioridade mais adequado para as suas técnicas de programação meta-heurística de grelhas. Através da aplicação de métricas de desempenho, é possível comparar diferentes parâmetros de desempenho de forma a ajudar o utilizador a escolher o(s) algoritmo(s) de regras de prioridade mais adequado(s) para o sistema de grelha. A informação desejada para cada tarefa tem de ser armazenada na tabela. As tarefas são inseridas na tabela depois de se ter em conta o valor misto que se designa por valor da função objetivo. A função objetivo tem em conta os dados e o tamanho do cálculo para cada tarefa. A posição das tarefas numa tabela baseia-se nos valores da função objetivo destas tarefas. Isto significa que o algoritmo tenta encontrar o lugar mais adequado na tabela para a nova tarefa que é submetida, dependendo do valor da função objetivo.

Quando é encontrado o local mais adequado para uma tarefa submetida, a base de dados de conhecimento escolhe um algoritmo adequado, tendo em consideração o tempo mínimo de conclusão da tarefa na tabela dentro de um intervalo de tempo aceitável. O intervalo pode depender da implementação do algoritmo. Para além disso, o novo algoritmo híbrido combina o FCFS com o algoritmo BEES para reduzir o tempo médio de espera e o tempo de conclusão das tarefas e o makespam total do ambiente de grelha. O algoritmo BCO utiliza vários pontos de pesquisa que estão próximos do ponto ótimo com os seus pbests e gbests. O BCO pode ser utilizado para problemas contínuos e discretos e tem uma boa capacidade de pesquisa global no espaço do problema. No entanto, a sua capacidade é fraca na pesquisa local e existe a probabilidade de ficar preso num ótimo local. O algoritmo combinado de BCO e de regras de prioridade é utilizado para resolver as desvantagens do BCO no método proposto. A partir do novo algoritmo híbrido do BCO e do algoritmo de regras de prioridade, apresentado na Figura 3.2, pode ver-se que o BCO fornece um programador inicial para a computação em grelha do processo de pesquisa híbrido.

3.4 Melhorar o melhor agendador inicial com base no algoritmo Bees

É necessário guardar a informação do recurso no PBBS. A potência computacional dos recursos, a largura de banda das ligações de comunicação correspondentes a cada um dos recursos e o número de identificação do recurso têm de ser guardados no PBBS. Entretanto, o PBBS calcula o tempo de transmissão de dados e de computação das tarefas para os recursos disponíveis. Depois disso, o PBBS escolhe o recurso mais adequado com base no tempo mínimo de computação para que a tarefa seja executada. No algoritmo BCO sugerido, são implementados três algoritmos: First Come First Served (FCFS), Shortest Job First (SJF) e Longest Job First (LJF). Quando o PBBS escolhe um recurso para executar uma determinada tarefa, é selecionado um dos algoritmos mencionados para a tarefa.

É proposta uma nova técnica de algoritmo híbrido (HAT) baseada na ideia de misturar dois ou mais algoritmos. Embora o algoritmo seja geral e possa ser aplicado à maioria dos problemas de otimização, o foco desta investigação é uma técnica de pesquisa de algoritmos híbridos (HAST). A ideia de combinar dois ou mais algoritmos diferentes num único algoritmo híbrido foi inspirada pela possibilidade de este novo algoritmo ter um desempenho melhor do que qualquer um dos algoritmos que o compõem individualmente. O resultado é uma nova classe de algoritmos sob a designação de técnicas de algoritmos híbridos (HAT). O algoritmo híbrido oferece uma combinação das seguintes vantagens. Pode:

- Pode produzir melhores soluções;
- Produzir soluções em menos tempo; e
- Pode tratar eficazmente problemas com grandes dimensões de entrada, especialmente no que diz respeito a problemas NP.

O objetivo de obter melhores soluções em menos tempo foi demonstrado através da implementação do HAT para um problema de otimização combinatória.

3.5 Métricas de desempenho

- Tempo de fluxo de trabalho: O tempo que um trabalho demora durante o serviço ou o sistema de fabrico. Também conhecido como o tempo de produção ou o tempo que é gasto no sistema, para além do serviço. A capacidade de resposta é medida pelo tempo de fluxo.

- Makespam: Este é o tempo total necessário para completar um grupo de trabalhos e mede a eficiência.

- Vencido (Atraso): É a quantidade de tempo que um trabalho pode perder devido à data, bem como a percentagem do total de trabalhos que estão a ser processados durante um período de tempo específico em que a data de vencimento não é cumprida; e mede o desempenho da data de vencimento.

- Inventário de trabalho em curso (WIP): É o caso de ter um trabalho à espera na fila, a circular entre operações, a sofrer atrasos, a ser processado ou a permanecer num estado semi-acabado; e mede a capacidade de resposta do inventário e o trabalho no local.

- Inventário total: É o total das entradas previstas e das existências disponíveis.

- Utilização: É a percentagem de tempo de trabalho que um empregado ou uma máquina gasta de forma produtiva

3.6 Medidas de desempenho

Para medir o desempenho dos algoritmos sugeridos e comparar o algoritmo com diferentes algoritmos, como FCFS, SJF e LJF, foram tidos em conta diferentes estudos de caso. Para obter resultados fiáveis, foram imitados diferentes ambientes de grelha de amostragem com vários números de recursos e tarefas e foram avaliadas algumas métricas importantes, como o tempo médio de espera, os tempos de conclusão das tarefas e os tempos de atraso das tarefas. Apenas um único cenário é discutido e os gráficos relacionados que comparam os resultados são apresentados nesta secção.

3.7 Conclusão

Para resolver o problema de escalonamento que existe em um ambiente de grade, o BCO é apresentado como uma possível solução neste estudo. Este trabalho discute algoritmos que podem ser implementados para escalonar tarefas em grade levando em consideração seus deadlines e prioridades que reduzem o tempo médio de espera, o atraso máximo e o tempo de término das tarefas. Quando o tempo máximo de conclusão da tarefa é reduzido, o makespam do ambiente de grade pode ser reduzido e essa redução faz com que o throughput do ambiente aumente. Este estudo propõe um algoritmo que, para além de utilizar um método simples na representação da afetação de recursos através da BCO, apresenta valores de tempo médio de espera mais baixos do que os algoritmos de escalonamento padrão.

CAPÍTULO 4

IMPLEMENTAÇÃO

4.1 GridSim

A computação peer-to-peer/Grid surgiu como uma plataforma promissora da próxima geração que poderia resolver problemas importantes no comércio, na engenharia e na ciência. No entanto, estão envolvidos milhões de recursos heterogéneos dispersos por várias organizações, políticas e domínios administrativos. Este tipo de programação e gestão de recursos num sistema amplamente distribuído é complicado e requer ferramentas avançadas para analisar e afinar os algoritmos antes de serem aplicados em sistemas reais.

A simulação parece ser a única forma prática de analisar algoritmos em sistemas distribuídos de recursos heterogéneos que se apresentam em grande escala. A simulação tem a capacidade de funcionar corretamente sem dispor de um mecanismo de análise complexo; isto é conseguido quando se evita a coordenação de despesas gerais com recursos reais. Também é eficaz quando é aplicada a grandes obstáculos hipotéticos que envolvem um grande número de utilizadores e recursos activos, o que pode ser difícil de coordenar ou implica a construção de um ambiente de investigação em grande escala para ser utilizado por razões de investigação.

O principal objetivo deste estudo é explorar procedimentos eficazes de atribuição de recursos que exijam economia computacional através da simulação. É preferível simular milhões de recursos e milhares de utilizadores com necessidades diferentes e examinar a escalabilidade dos sistemas, os algoritmos, a eficiência das políticas de atribuição de recursos e a satisfação dos utilizadores. Com uma grande simulação, os consumidores e uma grande quantidade de poder de computação, são aplicados sistemas de computação paralela e de clusters.

Os resultados podem ter um grande impacto no método de afetação de recursos que é aplicado para resolver problemas de sistemas de computação em cluster e em grelha. Os algoritmos de gestão e programação de recursos orientados para a economia que são preferidos para trabalhar neste estudo têm a capacidade de beneficiar diretamente a modelação de um paradigma de comércio eletrónico eficiente para a computação orientada para os serviços.

Um resultado necessário deste estudo é a existência de um conjunto de ferramentas de software programável que os investigadores possam utilizar para analisar políticas em sistemas de computação distribuídos em grande escala.

4.2 Alea 3

Este trabalho centra-se na conceção de sistemas planeados para estudar métodos avançados de programação que planeiam diferentes tipos de trabalhos no ambiente Grid. Os resultados têm a capacidade de lidar com problemas regulares de programação de trabalhos em grelhas, tais como a heterogeneidade dos trabalhos e dos recursos e as alterações dinâmicas em tempo de execução, como a chegada de novos trabalhos. (Ver figura 4.2 abaixo).

O simulador Alea é baseado no mais recente kit de ferramentas de simulação GridSim 5, tendo sido estendido para apresentar um ambiente de simulação que auxilia na simulação de diferentes problemas enfrentados pelo escalonamento de grades computacionais. Com o objetivo de demonstrar as funcionalidades do Alea, este estudo aplicou um escalonador Grid centralizado experimental suportado por procedimentos avançados de escalonamento para a geração de horários.

Até agora, foram examinados algoritmos baseados na pesquisa local e nas políticas existentes, para além dos algoritmos "clássicos" baseados em filas de espera, como o FCFS ou o Easy backfilling. O programador tem a capacidade de lidar com situações dinâmicas em que os postos de trabalho surgem no sistema durante a simulação. Nesta situação, o programa que foi gerado está a mudar à medida que alguns trabalhos são executados e outros chegam.

As fontes são mantidas no formato de projeto do Netbeasns IDE. Para a função adequada, é necessário envolver *o simjava.jar*.

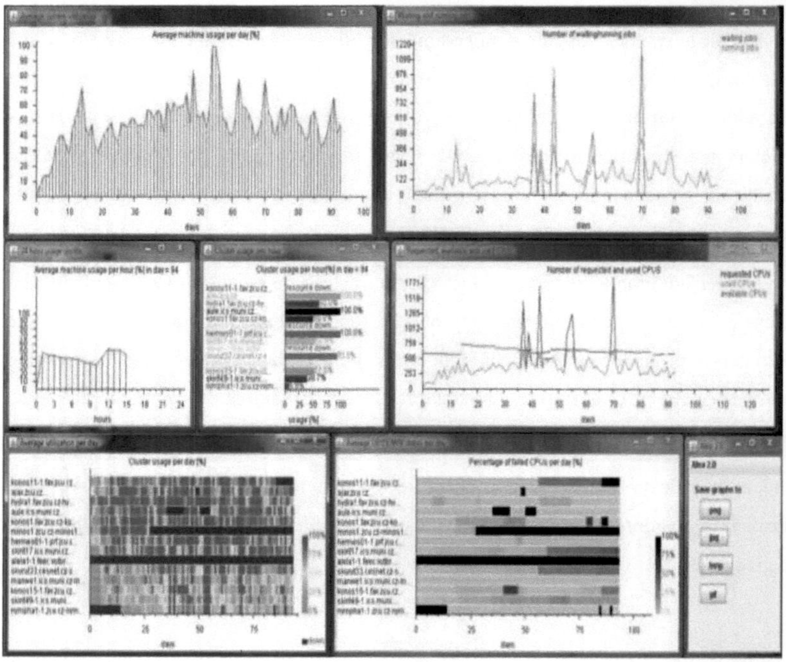

Figura 4.2: Configuração do Alea 3.1

4.3 Resumo

Este capítulo apresenta os resultados dos dados e a natureza do projeto determina a apresentação dos dados. O objetivo deste capítulo é implementar o algoritmo das abelhas no Gridsim. Além disso, os algoritmos SJF, FCFS e Scheduling foram implementados de forma independente, e os resultados serão apresentados no Capítulo 5

CAPÍTULO 5

RESULTADOS

Este capítulo apresenta um breve resumo do estudo, relaciona os resultados com investigação anterior e sugere várias direcções possíveis para estudos futuros. Este capítulo mostra o desempenho dos algoritmos (FCFS, LJF, SJF, BEES) em computação em grelha e tenta mostrar o melhor desempenho de todos os algoritmos com base na matriz de desempenho. Em seguida, os algoritmos (FCFS, LJF, SJF) foram comparados em relação à matriz de desempenho e o melhor foi encontrado e associado ao algoritmo das abelhas, de modo a obter o melhor resultado global.

5.1 Resultados da simulação

Para medir o desempenho do algoritmo proposto e compará-lo com os algoritmos FCFS, SJF e LJF, foram considerados vários casos de estudo. Para obter resultados mais realistas, foram simulados diferentes ambientes de grelha com vários recursos e tarefas, utilizando métricas críticas como os tempos de atraso das tarefas, os tempos de conclusão das tarefas e o makespam total do ambiente para avaliar os referidos ambientes.

Neste estudo, apenas um caso foi deliberado e as parcelas que tinham uma relação são discutidas nesta secção. Os restantes resultados em diferentes cenários não foram mencionados nesta secção.

5.2 Discussão de resultados

Neste estudo, o BCO é proposto como solução para o problema de escalonamento em ambiente de rede. . O algoritmo apresentado foi implementado para escalonar as tarefas da grelha tendo em conta as prioridades e os prazos das tarefas, de forma a diminuir os tempos de espera e os tempos de conclusão maiores e médios. A diminuição do tempo máximo de conclusão das tarefas e do makespam total do ambiente de grelha pode aumentar o rendimento do ambiente. O algoritmo apresentado não só usa um método mais simples para significar a afetação de recursos com o uso de BCO, mas também mostra um valor híbrido de tempo médio de espera menor em comparação com o algoritmo de escalonamento padrão. Além disso, o algoritmo apresentado cria a solução adequada para o grande número de tarefas submetidas ao ambiente de grelha.

Há ainda várias questões de investigação para trabalhos futuros. Um investigador poderia aplicar outras medidas de QoS para avaliar o comportamento das abelhas e produzir um melhor equilíbrio entre tarefas e recursos.

Quando são considerados outros critérios, como o custo do agendamento, o desempenho e a fiabilidade do ambiente de rede, podem ser gerados novos algoritmos de agendamento em ambiente de rede. Além disso, acredita-se que os mecanismos de seleção de algoritmos podem ser melhorados na base de conhecimentos com a utilização de novos métodos e fórmulas de probabilidade.

Melhorar a conduta dos abelhões para identificar e eliminar actividades incorrectas é uma das questões em aberto que podem ser estudadas em trabalhos futuros. Para medir a execução

dos cálculos propostos e pensar na equação dos cálculos electivos da dízima, FCFS, SJF e LJF, são consideradas investigações cuidadosas flutuantes. Para obter alguns efeitos práticos adicionais, foram imitadas numerosas situações matriciais com uma variedade completamente distinta de bens e tarefas e as medidas básicas, como os tempos de adiamento das empresas, os tempos de conclusão das tarefas e o compasso agregado do cenário, puderam ser avaliadas nessas situações.

Por uma questão de brevidade, é mencionada apenas uma situação e os gráficos ligados que mostram os resultados da comparação são incontestáveis durante esta secção. Os resultados alternativos em vários aspectos, que não são apresentados aqui, enfatizam ainda mais as afirmações subsequentes.

Suponhamos que existe uma grelha com dois recursos totalmente diferentes. A velocidade de processamento dos recursos da grelha e a sua medida de informação conexa são apresentadas na Tabela 1. É importante ter em conta que todos os activos das tarefas, como os tempos de chegada, as prioridades, os tempos de execução e outras caraterísticas mencionadas nas secções anteriores, foram gerados aleatoriamente em todos os estudos de caso.

Com outros critérios em consideração, como o custo do agendamento, o desempenho e a fiabilidade do ambiente de rede, podem ser produzidos novos algoritmos de agendamento num ambiente de rede. Para além da melhoria do comportamento das abelhas, evitar a ação incorrecta é um problema em aberto que o algoritmo enfrenta e sobre o qual se poderão debruçar estudos futuros.

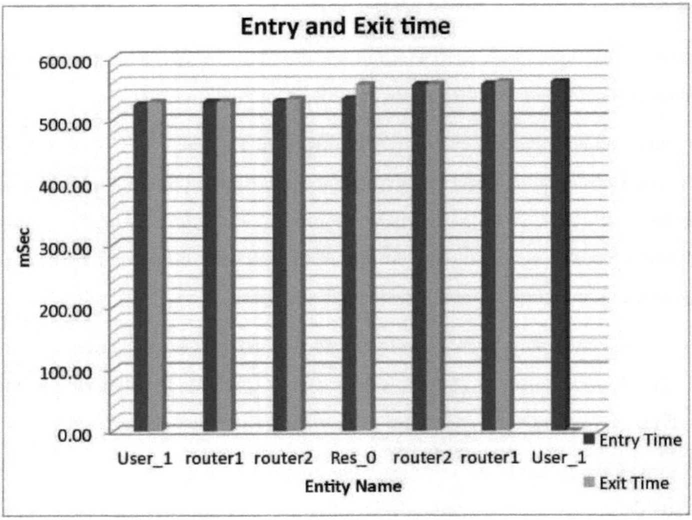

Figura 5.1: Média de tempo para a experiência do utilizador

O tempo médio para a experiência do utilizador terminou com uma variedade de utilizadores a competir pelos recursos. Se um número excessivo de utilizadores chegar em alturas totalmente diferentes, é provável que tenham impacto no calendário e no tempo de execução dos trabalhos já distribuídos pelos recursos. O corretor que antecipa a chegada de tarefas que estão distribuídas pelos recursos resulta em tempos de terminação prodigiosos, a menos que a execução de algumas tarefas seja adiada.

As propriedades dos recursos incluem:

- Custo: 3 (unidades por segundo PE);
- Taxa de transmissão: 100 bps (Bits por segundo); e
- Velocidade: 377 MIPS (milhões de instruções por segundo)

Quadro: Análise da produção

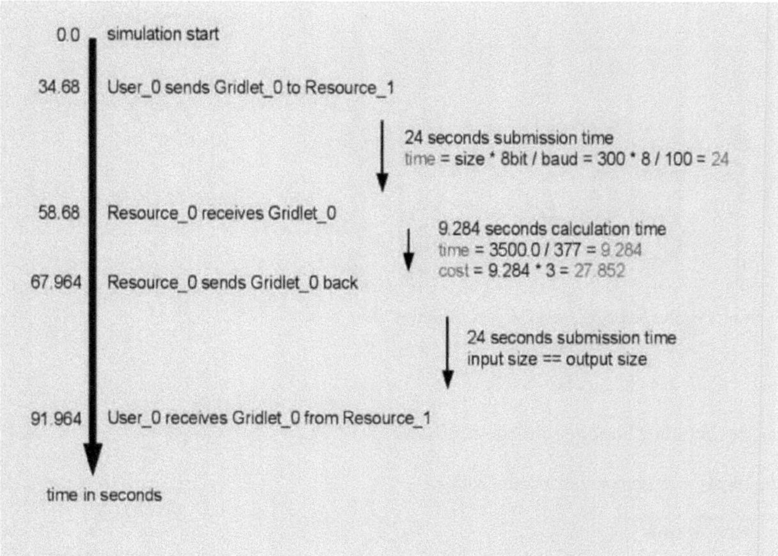

O pacote de simulação de eventos discretos para fins gerais é implementado em Java.

A simulação em SimJava tem várias entidades em que cada entidade é executada em paralelo no seu segmento. O comportamento de uma entidade é codificado através do seu método body () em Java. As entidades têm a capacidade de aceder a um pequeno número de primitivas de simulação:

- Sim_schedule() envia objectos de eventos para outras entidades através de portos;
- Sim_hold() mantém-se durante algum tempo de simulação; e
- Sim_wait() aguarda a chegada de um objeto de evento.

Depois de calculada a pontuação de cada cluster, o escalonador de tarefas seleciona o recurso que tem melhor poder de computação no cluster com a maior pontuação de cluster. Na Figura 5.2 abaixo, o resultado das duas classificações é a base da seleção, cruzamento e mutação dos jogos da liga. Para avaliar o desempenho do algoritmo, foi utilizado um exemplo de programação flexível de postos de trabalho e concebido o método de crossover e mutação de acordo com as caraterísticas da programação flexível de postos de trabalho. Os resultados da experiência mostram que o algoritmo produz mais soluções na frente não dominada.

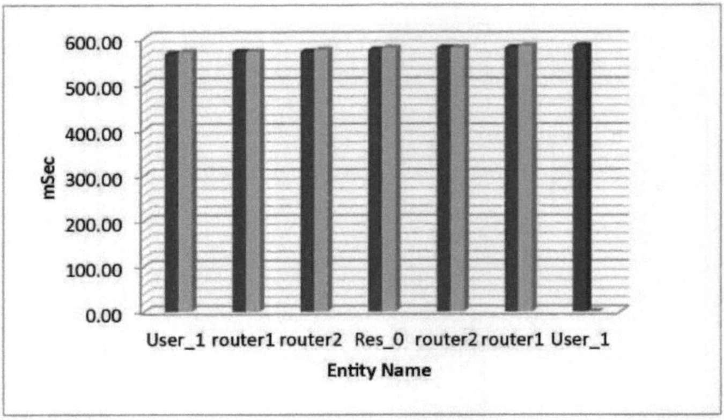

Figure 5.2 Hora de entrada e hora de saída do utilizador_1

Tabela 5.1: Tabelas de roteamento para o Roteador2

Res_0	Res_0_link
router1	r1_r2_link
User_0	router1
User_1	router1

Tabela 5.2: Saída para User_0

ID do Gridlet	ESTADO	ID do recurso	Custo
0	Sucesso	5	39.78779841
1	Sucesso	5	39.78779841
2	Sucesso	5	39.78779841
3	Sucesso	5	39.78779841
4	Sucesso	5	39.78779841

Tabela 5.3: Saída para o utilizador_1

ID do Gridlet	ESTADO	ID do recurso	Custo
0	Sucesso	5	39.78779841
1	Sucesso	5	39.78779841
2	Sucesso	5	39.78779841
3	Sucesso	5	39.78779841
4	Sucesso	5	39.78779841

A Tabela 5.4 abaixo mostra o desenvolvimento do algoritmo híbrido usando BA e LP com uma abordagem que ainda não foi relatada. Devido à natureza híbrida do algoritmo, foram efectuadas várias alterações à estrutura da heurística BA. A utilização da variável "tamanho" da vizinhança, o procedimento de inicialização baseado na vizinhança, o procedimento de intensificação e os forrageadores experientes foram os critérios mais críticos para a implementação.

As simulações são efectuadas em condições de carga de tráfego para explorar as diferenças no tempo total de processamento utilizando a programação de tarefas sem agrupamento, a programação baseada no agrupamento de tarefas n e a programação baseada no agrupamento de tarefas com largura de banda.

A máquina de recursos do GridSim aplica eventos internos para simular a execução do Pes, bem como a alocação para trabalhos em Gridlet. Após o início do emprego, os sistemas de espaço partilhado iniciam uma execução em tempo real quando um caractere alfabético livre é oferecido, caso contrário, ele fica em fila de espera. Durante a atribuição da Gridlet, o tempo de processamento do trabalho é efectuado e o evento é agendado para entrega no momento da execução.

Depois de o trabalho Gridlet ter terminado e de ter sido criado um evento interno para especificar a conclusão do trabalho Grid let programado, a máquina de recursos liberta o Peal posicionado para o efeito e, em seguida, procura qualquer trabalho em espera na fila. Se forem encontrados alguns trabalhos em espera na fila, escolhe um trabalho adequado de acordo com a política e seleciona o carácter alfabético livre. É ilustrada toda uma fórmula de simulação de programação e execução de partilha de espaços. Quando chegam novos eventos interiores que têm uma gama de etiquetas semelhante à do último evento programado, são especificados como eventos de conclusão de Gridlets. No caso de algumas Gridlets ainda permanecerem na fila de submissão, o GriedSim, tendo em conta a política de atribuição, como a Gridlet primária na fila se for utilizada uma política FCFS, escolhe uma Gridlet adequada da fila e atribui-lhe o carácter alfabético ou um alfabético adequado.

Tabela 5.4: As informações de ping para User_0

Nome da entidade	Hora de entrada	Hora de saída
Utilizador_1	525.44	529.44
router1	529.45	529.85
router2	529.86	533.86
Res_0	533.87	556.21
router2	556.22	556.62
router1	556.63	560.63

Figure 5.3 identifica a operação fundamental utilizada no algoritmo e observa o número de operações fundamentais utilizadas entre o tempo de entrada e o tempo de saída para um custo 0(1). É utilizado um encaminhador de laços para os tempos de entrada e de saída.

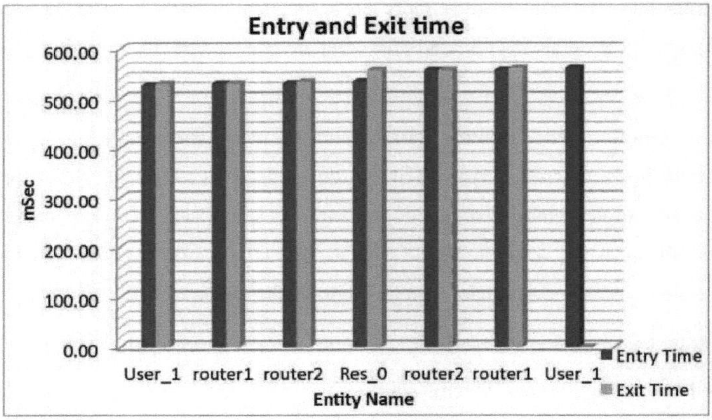

Figura 5.3: Tempo de entrada e de saída

5.2.1 Serviço de agrupamento e seleção

O serviço de agrupamento e seleção funciona como um sítio de correspondência de empregos. A estratégia de correspondência de empregos depende das informações recolhidas do coletor de informações. Durante o processo de correspondência de tarefas, são realizadas duas etapas: agrupamento e seleção de tarefas. No processo de agrupamento de tarefas, as tarefas que foram submetidas ao programador por um utilizador são reunidas e agrupadas com base nas informações sobre os recursos.

O tamanho dos trabalhos agrupados depende da duração da necessidade de processamento e é ilustrado num milhão de instruções. Depois de escolher um recurso da lista de recursos, a sua capacidade de processamento expressa pelo volume de um milhão de instruções e processada num segundo é utilizada para o número mais elevado de trabalhos agrupados.

Entretanto, a seleção de postos de trabalho é realizada com um posto de trabalho agrupado correspondente ao recurso em questão. O processo é conduzido até que nenhum posto de trabalho seja deixado sem ser agrupado a um determinado recurso.

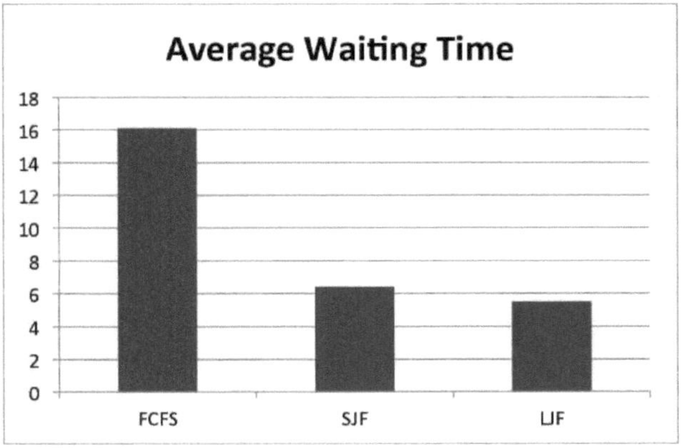

Figura 5.4: Tempo médio de espera (FCFS, SJF, LJF)

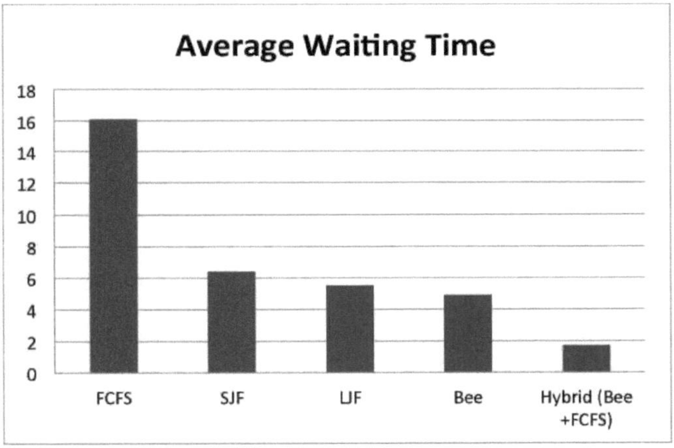

Figura 5.5: Tempo médio de espera (FCFS, SJF, LJF, BCO, FCFS_BEE)

Além disso, a abordagem da Figura 5.6 ilustra uma melhoria significativa do tempo médio de execução e uma redução do FCFS e do Bee.

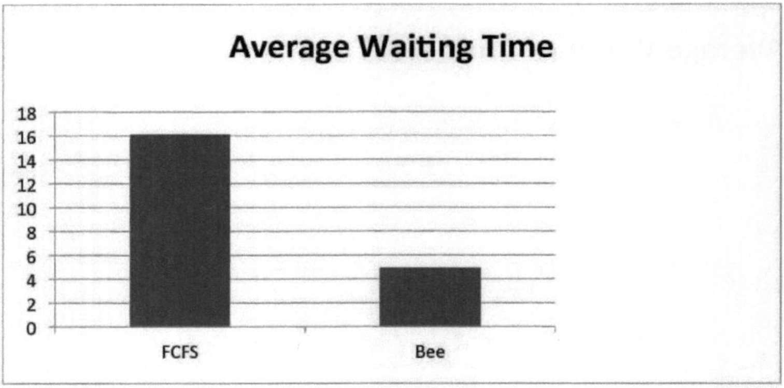

Figura 5.6: Tempo médio de espera para FCFS e Bee

Além disso, a Figura 5.7 ilustra a programação com base no tamanho das tarefas, e o algoritmo de programação Longest Job First (LJF) apresentou uma estratégia de programação com bom desempenho num ambiente em mudança e equilibrando a carga de trabalho, o que pode reduzir o tempo de processamento de dados.

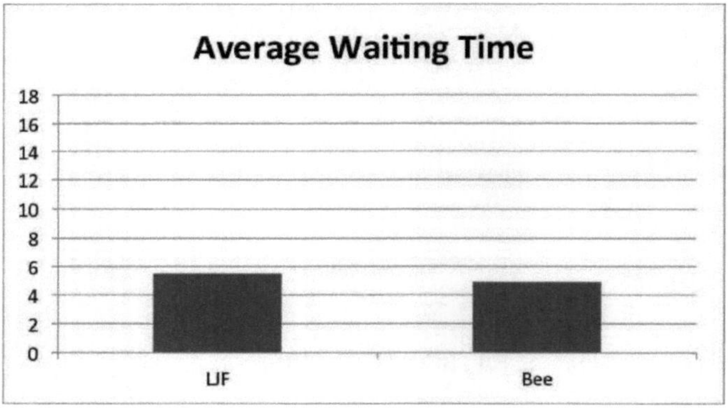

Figura 5.7: LJF e Bee

Figure 5.8 abaixo ilustra a estratégia em que o escalonador organiza os processos com o menor tempo estimado de processamento restante com tempo médio de espera no BC_FCFS.

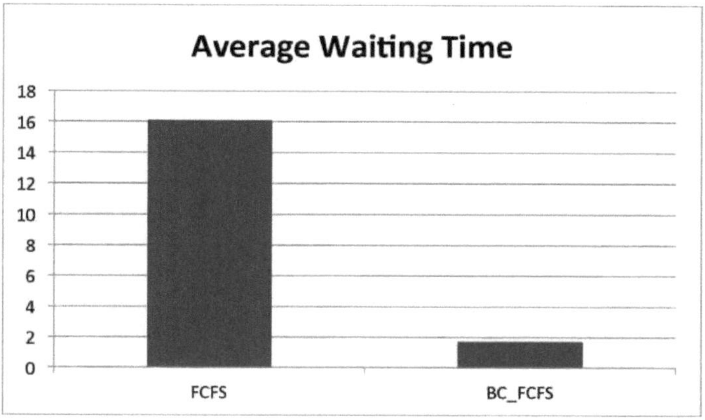

Figura 5.8: FCFS e BC_FCFS

Figure 5.9 ilustra os dados relativos à LJF e à BC_LJF e mostra que o desempenho da BC_LJF registou uma melhoria significativa em comparação com a LJF com base no tempo médio de espera.

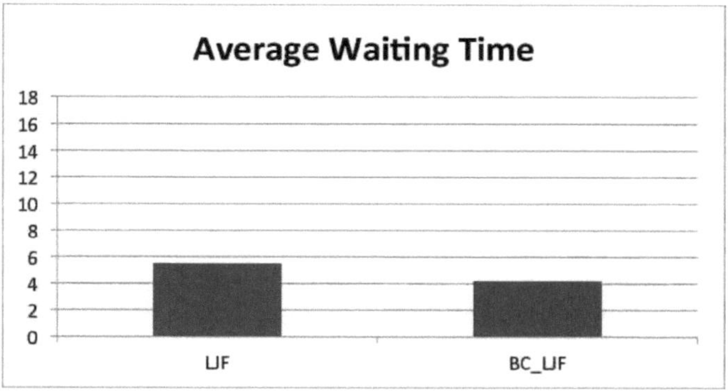

Figura 5.9: Tempo médio de espera entre a LJF e a BC_LJF

No entanto, a Figura 5.10 abaixo demonstra a melhoria substancial do desempenho, em termos de tempo médio de espera entre SJF e BC_SJF, realizada num ambiente de simulação.

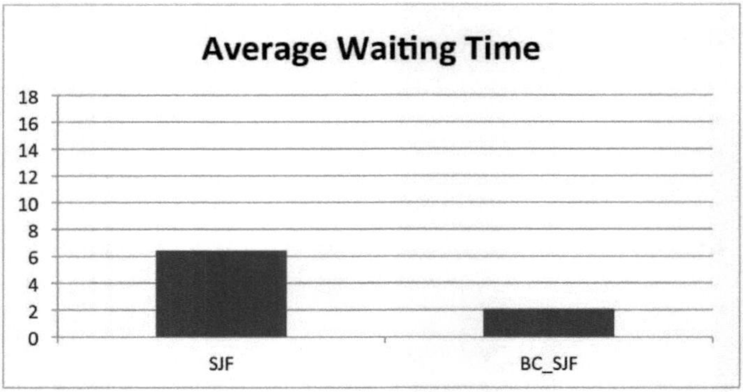

Figura 5.10: Tempo médio de espera para SJF e BC_SJF

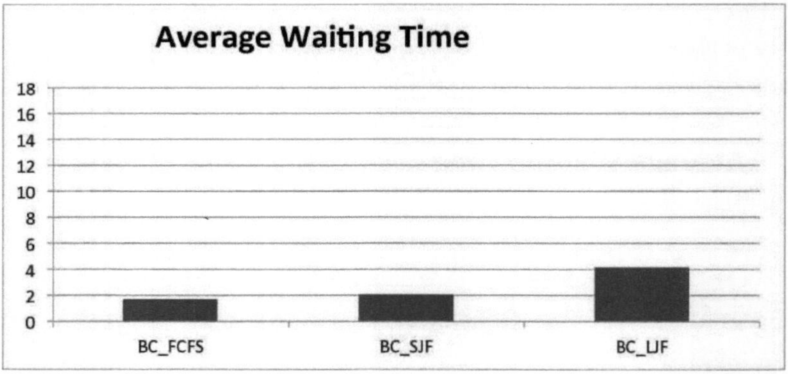

Figura 5.11: Tempo médio de espera para BC_FCFS, BC_SJF e BC_LJF

Tabela 5.5: Tempo médio de espera para os algoritmos propostos

Algoritmo	Tempo médio de espera
	1.71
	2.09
BC_FCFS BC_SJF BC_LJF	4.20

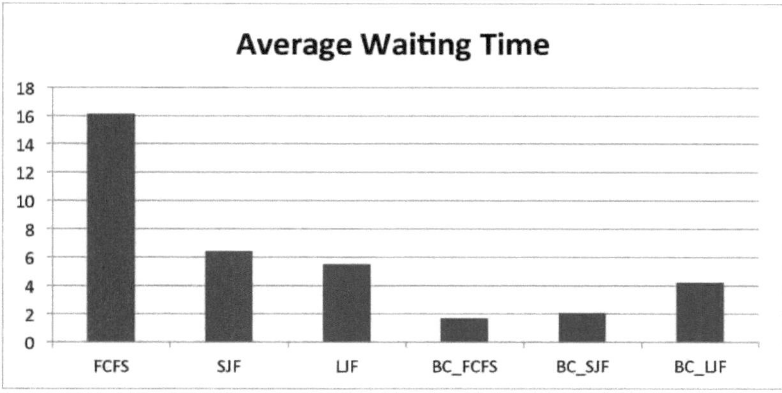

Figura 5.12: Tempo médio de espera para todos os algoritmos testados

Os resultados revelaram que o algoritmo (FCFS) registou o maior tempo médio de espera (16,1) segundos, o algoritmo (SJF) foi 60% mais rápido do que o algoritmo (FCFS), o algoritmo (LJF) foi 66% mais rápido do que o algoritmo (FCFS), o algoritmo (BSO) foi 70% mais rápido, o (BC_LJF) foi 74% mais rápido, o (BC_SJF) foi 87% mais rápido e o (BC_FCFS) foi o mais rápido. Este último demorou apenas (1,71) segundos, o que significa que foi 89% mais rápido.

Tabela 5.6: Percentagem de todos os algoritmos em relação ao mais rápido (FCFS)

Algoritmo			
SJF	16.1	6.4	60%
LJF	16.1	5.5	66%
ABELHAS	16.1	4.9	70%
BC_LJF	16.1	4.2	74%
BC_SJF	16.1	2.09	87%
BC_FCFS	16.1	1.71	89%

Tabela 5.7: Tempo médio de espera para todos os algoritmos testados

Algoritmo	**Média Tempo de espera**
FCFS	16.1
SJF	6.4
LJF	5.5
BC_FCFS	1.71
BC_SJF BC LJF	2.09
	4.2

Tabela 5.8: Implementação para todos os algoritmos

TESTE NÃO	**FCFS**	**LJF**	**SJF**	**ABELHAS**	**FCFS-ABELHAS**	**LJF-ABELHAS**	**SJF-ABELHAS**
Teste 1	16.1	6.4	5.5	5.1	1.8	5.2	2.2
Teste 2	16.1	6.4	5.5	5.3	1.9	4.2	3.0

Teste 3	16.1	6.4	5.5	5.7	2.3	4.5	3.2
Teste 4	16.1	6.4	5.5	5.2	3.1	4.7	2.9
Teste 5	16.1	6.4	5.5	5.2	1.7	4.3	3.3
Teste 6	16.1	6.4	5.5	5.4	1.8	5.3	2.1
Teste 7	16.1	6.4	5.5	4.9	1.7	5.9	3.7
Teste 8	16.1	6.4	5.5	5.7	2.1	4.9	3.9
Teste 9	16.1	6.4	5.5	5.9	1.9	4.2	3.5
Teste 10	16.1	6.4	5.5	5.3	1.7	4.5	2.0
Média	**16.1**	**6.4**	**5.5**	**5.3**	**2.0**	**4.8**	**3.0**

5.3 Conclusões

O algoritmo da abelha foi introduzido e aplicado ao escalonamento em grelha para resolver o problema de escalonamento num ambiente de grelha, o que resultou num melhor desempenho do tempo médio de espera em comparação com os métodos tradicionais anteriormente utilizados. A realização deste passo levou a um aumento do makespam e a um tempo de execução mais curto. Para além disso, o algoritmo das abelhas foi combinado com três algoritmos diferentes (FCFS, LJF, SJF), respetivamente; este híbrido resultou num melhor desempenho em comparação com o método tradicional e também num melhor desempenho em comparação com o BCO isolado.

CAPÍTULO 6

CONCLUSÕES

6.1 Realização

O quadro seguinte ilustra os objectivos deste estudo e o processo utilizado para os atingir, bem como os resultados obtidos com a investigação.

Quadro 6.1: Realização

Objetivo	Processo	Saída
A. Propor um programador inicial optimizado para computação em grelha utilizando o algoritmo das abelhas.	Aplicação do algoritmo da abelha à computação em grelha.	O BCO teve um melhor desempenho como programador inicial.
B. Para identificar o melhor algoritmo de funções prioritárias.	Comparação (FCFS, SJF, LJF).	O algoritmo SJF apresentou melhores resultados do que os outros algoritmos.
C. Integrar a base de prioridades e o algoritmo das abelhas.	Mistura de abelhas com (FCFS, SJF, LJF).	O novo híbrido apresentou melhores resultados do que os outros algoritmos.

6.2 Trabalho futuro

No entanto, em trabalhos futuros, outros investigadores podem utilizar outros algoritmos de regras de prioridade, tais como (dados de libertação mais cedo (ERD), tempo mínimo até à data de vencimento (MTTD)) e aplicar as abelhas a estes algoritmos. Além disso, este estudo utilizou o tempo médio de espera como ferramenta para medir o desempenho, ao passo que outros estudos poderão utilizar a utilização, o atraso do trabalho e o tempo de fluxo para medir o seu desempenho.

Esta investigação utilizou as medidas de Tempo Médio de Espera (em vez dos tempos de conclusão e atraso das tarefas) para avaliar o comportamento das abelhas e encontrar a melhor correspondência entre as tarefas e os recursos. Para considerar novos algoritmos no ambiente de rede, o custo do escalonamento, o desempenho e a confiabilidade do ambiente de rede devem ser considerados. Assim, estudos futuros podem aplicar os tempos de Finish e Delay das tarefas para testar mais possibilidades de melhorias. Pretendemos desenvolver o mecanismo de seleção de algoritmos na Base de Conhecimento utilizando novos métodos e fórmulas de probabilidade, bem como melhorar o comportamento das abelhas para indicar e eliminar falsas ações que é um dos principais obstáculos deste algoritmo e trabalhos futuros podem levar isto em consideração.

6.3 Resumo

Com o objetivo de resolver o problema de escalonamento que existe no ambiente de grelha, o BCO é apresentado neste estudo. O estudo discutiu a forma como o algoritmo pode ser implementado para agendar tarefas na grelha tendo em conta as suas prioridades e prazos que reduzem o tempo médio de espera e o tempo máximo de atraso e de conclusão das tarefas. Quando o tempo máximo de conclusão da tarefa é reduzido, o makespam do ambiente de grelha pode ser reduzido e isto leva a que o rendimento do ambiente aumente. Este estudo propõe um algoritmo que não só usa um método simples para representar a afetação de recursos usando BCO, como também apresenta um valor de tempo médio de espera mais baixo do que os algoritmos de escalonamento padrão.

Com base nos resultados, pode concluir-se que a utilização do algoritmo das abelhas na computação em grelha pode obter melhores resultados do que os algoritmos padrão (FCFS, SJF, LJF), utilizando o método do tempo médio de espera da matriz de desempenho. Este método mostra que o método das abelhas tem um tempo de espera mais curto do que o algoritmo padrão, bem como o tempo de execução mais curto, o que leva a um aumento do makespam.

Quando o algoritmo das abelhas foi misturado com o algoritmo padrão, o novo híbrido teve um desempenho mais eficiente do que o BCO ou o algoritmo padrão isoladamente, de acordo com o tempo médio de espera.

Referência

[1] Foster, I., N.R. Jennings, e C. Kesselman. Brain meets brawn: Why grid and agents need each other. in Proceedings of the Third International Joint Conference on Autonomous Agents and Multiagent Systems-Volume 1. 2004. IEEE Computer Society.

[2] Anderson, D.P. Boinc: Um sistema para computação e armazenamento de recursos públicos. in Grid Computing, 2004. Actas. Quinto Workshop Internacional IEEE/ACM sobre. 2004. IEEE.

[3] Baker, M., R. Buyya, e D. Laforenza, Grids and Grid technologies for wide-area distributed computing. Software: Practice and Experience, 2002. **32**(15): p. 1437-1466.

[4] Brown, M., et al., The International Grid (iGrid): Empowering global research community networking using high performance international Internet services. INET '99, San Jose, 1998.

[5] Ostberg, P.-O. e E. Elmroth, GJMF-a composable service-oriented grid job management framework. Future Generation Computer Systems, 2013. **29**(1): p. 144-157.

[6] Buncic, P. e F. Carminati, A Discussion on Virtualisation in GRID Computing, em From the Web to the Grid and Beyond. 2012, Springer. p. 155-175.

[7] Simion, B., et al., A hybrid algorithm for scheduling workflow applications in grid environments (icpdp), em On the Move to Meaningful Internet Systems 2007: CoopIS, DOA, ODBASE, GADA, e IS. 2007, Springer. p. 13311348.

[8] Rimal, B.P., et al., Architectural requirements for cloud computing systems: an enterprise cloud approach. Journal of Grid Computing, 2011. **9**(1): p. 3-26.

[9] Prakash, S. and D.P. Vidyarthi, Maximizing availability for task scheduling in computational grid using genetic algorithm. Concurrency and Computation: Practice and Experience, 2014.

[10] Somasundaram, T.S., et al., Semantic-enabled CARE Resource Broker (SeCRB) para a gestão de ambientes de grelha e nuvem. The Journal of Supercomputing, 2014: p. 1-48.

[11] Beloglazov, A., J. Abawajy, and R. Buyya, Energy-aware resource allocation heuristics for efficient management of data centers for cloud computing. Sistemas informáticos de geração futura, 2012. **28**(5): p. 755-768.

[12] Pooranian, Z., et al., Gloa: um novo algoritmo de agendamento de tarefas para computação em grelha. IJIMAI, 2013. **2**(1): p. 59-64.

[13] Zhu, Q. Algoritmo de agendamento de recursos de grade com base na estratégia DCC aprimorada. em Anais do 9º Simpósio Internacional sobre Drives Lineares para Aplicações Industriais, Volume 3. 2014. Springer.

[14] Casanova, H., et al., Mapeamento de aplicações em recursos voláteis. International Journal of High Performance Computing Applications, 2014: p. 1094342013518806.

[15] Garg, R. e A.K. Singh, Melhorando a Otimização de Enxame de Partículas Discretas baseada no Agendamento de Grades de Fluxo de Trabalho usando Estrutura Hierárquica. Jornal Internacional de Redes de Computadores e Segurança da Informação (IJCNIS), 2013. **5**(6): p. 18.

[16] Bhatt, K. e M. Bundele, artigo de revisão sobre o PSO na programação do fluxo de trabalho e o mecanismo de pesquisa de melhoria do modelo de nuvem na computação em nuvem. IJIET- Revista Internacional de inovações em engenharia e tecnologia, 2013. **2**(3).

[17] Azmi, Z.R.M., et al., Performance Comparison of Priority Rule Scheduling Algorithms Using Different Inter Arrival Time Jobs in Grid Environment. Jornal Internacional de Grid e Computação Distribuída, 2011. **4**(3): p. 6170.

[18] Abdullah, M. e M. Othman, Um algoritmo genético melhorado para agendamento de trabalhos em ambiente de computação em nuvem. AWERProcedia Tecnologia da Informação e Ciência da Computação, 2013. **2**.

[19] Agarwal, A. e P. Kumar, Multidimensional Qos Oriented Task Scheduling In Grid Environments. Jornal Internacional de Computação em Grade e Aplicações (IJGCA), 2011. **2**(1): p. 28-37.

[20] Vykoukal, J., M. Wolf e R. Beck. Does Green IT Matter? Analysis of the Relationship between Green IT and Grid Technology from a Resource-Based View Perspective. in PACIS. 2009.

[21] Bagchi, S. Simulation of grid computing infrastructure: challenges and solutions. in Proceedings of the 37th conference on Winter simulation. 2005. Conferência de Simulação de inverno.

[22] Foster, I. e C. Kesselman, Computational grids, em Vetor and Parallel Processing-VECPAR 2000. 2001, Springer. p. 3-37.

[23] Krauter, K., R. Buyya, and M. Maheswaran, A taxonomy and survey of grid resource management systems for distributed computing. Software: Practice and Experience, 2002. **32**(2): p. 135-164.

[24] Buyya, R., Economic-based distributed resource management and scheduling for grid computing. arXiv preprint cs/0204048, 2002.

[25] Buyya, R., S. Chapin, e D. DiNucci, Architectural models for resource management in the grid, em Grid Computing-GRID 2000. 2000, Springer. p. 18-35.

[26] Ferreira, L., et al., Introdução à computação em grelha com o globus. 2003: IBM Corporation,

Organização Internacional de Suporte Técnico.

[27] Caminero, A., C. Carrión, e B. Caminero. Designing an entity to provide network QoS in a Grid system. in Proc. of the 1st Iberian Grid Infrastructure Conference (IberGrid). 2007.

[28] Dong, F. e S.G. Akl, Scheduling algorithms for grid computing: State of the art and open problems. Escola de Computação, Queen's University, Kingston, Ontário, 2006.

[29] Naik, V.K., et al. On-line evolutionary resource matching for job scheduling in heterogeneous grid environments. in Parallel and Distributed Systems, 2006. ICPADS 2006. 12ª Conferência Internacional sobre. 2006. IEEE.

[30] Szymanski, T.L., A adequação dos domínios de conhecimento dos especialistas certificados em gestão da deficiência (cdms) às competências dos consultores de reabilitação qualificados (qrcs) do Minnesota. 2002, Universidade de Wisconsin.

[31] Kurowski, K., J. Nabrzyski, e J. Pukacki. User preference driven multiobjective resource management in grid environments. in Cluster Computing and the Grid, 2001. Actas. Primeiro Simpósio Internacional IEEE/ACM sobre. 2001. IEEE.

[32] Deng, Y., F. Wang, e A. Ciura, Ant colony optimization inspired resource discovery in P2P Grid systems. The Journal of Supercomputing, 2009. **49**(1): p. 4-21.

[33] Zhou, P., et al., Caracterização genética de isolados de Toxoplasma gondii de suínos na China. Journal of Parasitology, 2010. **96**(5): p. 1027-1029.

[34] Abu-Rukba, R.a.O., Decentralized Resource Scheduling in Grid/Cloud Computing. 2013.

[35] Robert, Y. e F. Vivien, Introdução à programação. 2010: CRC Press.

[36] Laili, Y., et al., Um estudo da atribuição óptima de recursos informáticos na nuvem

sistemas de fabrico. Jornal Internacional de Tecnologia de Fabrico Avançada, 2012. **63**(5-8): p. 671-690.

[37] Dongarra, J. e A. Lastovetsky, An overview of heterogeneous high performance and grid computing. Engineering the Grid: Status and Perspective, 2006: p. 1-25.

[38] Zhu, Y., M. Li, e C. Weng. Ant Algorithm with Execution Quality Based Prediction in Grid Scheduling. na Conferência Anual da ChinaGrid, 2009. ChinaGrid'09. Quarto. 2009. IEEE.

[39] Zhu, Y., A survey on grid scheduling systems. Departamento de Informática, Universidade de Ciência e Tecnologia de Hong Kong, 2003.

[40] Korkhov, V.V., Hierarchical resource management in grid computing. 2009.

[41] Gil, Y., et al., Inteligência artificial e grelhas: Workflow planning and beyond. Sistemas Inteligentes, IEEE, 2004. **19**(1): p. 26-33.

[42] Priya, S.B., M. Prakash, e K. Dhawan. Algoritmo genético de tolerância a falhas para programação de tarefas em grelha utilizando pontos de controlo. in Grid and Cooperative Computação, 2007. GCC 2007. Sexta Conferência Internacional sobre. 2007. IEEE.

[43] Dong, F., Workflow scheduling algorithms in the grid. 2009.

[44] Pujari, A.K., Data mining techniques. 2001: Universities press.

[45] Kaur, R., T. Kaur, e H. Kaur, Scheduling in Grid Computing Environment. International Journal, 2013. **3**(6).

[46] Tonellotto, N., R. Yahyapour, and P. Wieder, A proposal for a generic grid scheduling architecture, in Integrated Research in GRID Computing. 2007, Springer. p. 227-239.

[47] Sacerdoti, F.D., et al. Wide area cluster monitoring with ganglia. in Cluster Computing, 2003. Anais. Conferência Internacional IEEE de 2003. 2003. IEEE.

[48] Wolski, R., N.T. Spring, and J. Hayes, The network weather service: a distributed resource performance forecasting service for metacomputing. Future Generation Computer Systems, 1999. **15**(5): p. 757-768.

[49] Foster, I., et al., Grid services for distributed system integration. Computer, 2002. **35**(6): p. 37-46.

[50] Ranganathan, K. e I. Foster. Decoupling computation and data scheduling in distributed data-intensive applications. em High Performance Distributed Computing, 2002. HPDC-11 2002. Actas. 11º Simpósio Internacional do IEEE. 2002. IEEE.

[51] Trout, R.C., Sistema de processamento multitarefa cooperativo complementar concorrente utilizando memórias partilhadas com um mínimo de quatro processadores complementares. 1996, Google Patents.

[52] Gupta, A.K. e A.I. Sivakumar, Job shop scheduling techniques in semiconductor manufacturing. Jornal Internacional de Tecnologia Avançada de Fabrico, 2006. **27**(11-12): p. 1163-1169.

[53] Raman, N. e F. Brian Talbot, The job shop tardiness problem: A decomposition approach. Jornal Europeu de Investigação Operacional, 1993. **69**(2): p. 187-199.

[54] Fujimoto, R.M., Parallel discrete event simulation. Communications of the ACM, 1990. **33**(10): p. 30-53.

[55] Calheiros, R.N., et al., CloudSim: um conjunto de ferramentas para modelagem e simulação de ambientes de computação em nuvem e avaliação de algoritmos de provisionamento de recursos. Software: Prática e Experiência, 2011. **41**(1): p. 23-50.

[56] Buyya, R. e M. Murshed, Gridsim: Um conjunto de ferramentas para a modelação e simulação da gestão e programação de recursos distribuídos para computação em grelha. Concurrency and Computation: Practice and Experience, 2002. **14(13-15)**: p. 1175-1220.

[57] Ramos, V., C. Fernandes, and A.C. Rosa, Societal implicit memory and his speed on tracking extrema in dynamic environments using self-regulatory swarms. Journal of Systems Architecture, Farooq M. and Menezes R.(Eds.), special issue on Nature Inspired Applied Systems, Elsevier, Summer, 2006.

[58] Bonchio, M., et al., Bio-inspired oxidations with polyoxometalate catalysts. Journal of Molecular Catalysis A: Chemical, 2006. **251**(1): p. 93-99.

[59] Li, Y., A bio-inspired adaptive job scheduling mechanism on a computational grid. Jornal Internacional de Ciência da Computação e Segurança de Redes (IJCSNS), 2006. **6**(3): p. 1-7.

[60] Zhou, Y., et al. Data Scheduling Strategy in P2P VoD System Based on Adaptive Genetic Algorithm. in Actas da Conferência Internacional de 2012 sobre Tecnologia da Informação e Engenharia de Software. 2013. Springer.

[61] Sambridge, M., Um algoritmo de temperamento paralelo para amostragem probabilística e otimização multimodal. Geophysical Journal International, 2014. **196**(1): p. 357-374.

[62] Mashinchi, M.H., M.A. Orgun, e W. Pedrycz, Otimização híbrida com pesquisa tabu melhorada. Applied Soft Computing, 2011. **11**(2): p. 1993-2006.

[63] Martincovà, P. e M. Zâbovsky, Comparação de algoritmos de programação de grelhas simuladas. Systemova Integrace, 2007. **4**: p. 69-75.

[64] Singh, M., S. Sholliya, e P. Gupta, Scheduling in Grid Computing-a Review. 2014.

[65] Lin, J.-N. e H.-Z. Wu, Scheduling in grid computing environment based on genetic algorithm. Jornal de investigação e desenvolvimento informático, 2004. **41**(12): p. 2195-2199.

[66] Gonçalves, J.F., J.J. de Magalhaes Mendes, e M.c.G. Resende, Um algoritmo genético híbrido para o problema de job shop scheduling. European journal of operational research, 2005. **167**(1): p. 77-95.

[67] Kennedy, J.F., J. Kennedy, e R.C. Eberhart, Swarm intelligence. 2001: Morgan Kaufmann.

[68] Zhang, L., et al., A task scheduling algorithm based on pso for grid computing. Revista

Internacional de Investigação em Inteligência Computacional, 2008. **4**(1): p. 37-43.

[69] Yan, H., et al. An improved ant algorithm for job scheduling in grid computing. in Machine Learning and Cybernetics, 2005. Actas da Conferência Internacional de 2005. 2005. IEEE.

[70] Li, J. e W. Zhang. Solução para a otimização multi-objetivo do problema de flow shop com base no algoritmo ACO. in Computational Intelligence and Security, 2006 International Conference on. 2006. IEEE.

[71] Burke, E., et al. An ant algorithm hyperheuristic for the project presentation scheduling problem. in Evolutionary Computation, 2005. Congresso do IEEE de 2005. 2005. IEEE.

[72] Hanani, A., S. Nourossana, e A. Rahmani. Resolver o problema de escalonamento em sistemas multiprocessador com custo de comunicação e precedência usando sistema de colónia de abelhas. in Advanced Computer Theory and Engineering (ICACTE), 2010 3rd International Conference on. 2010. IEEE.

[73] Mousavinasab, Z., R. Entezari-Maleki, and A. Movaghar, A bee colony task scheduling algorithm in computational grids, in Digital Information Processing and Communications. 2011, Springer. p. 200-210.

[74] Wong, L.-P., M.Y.-H. Low, e C.S. Chong. Um algoritmo de otimização de colónias de abelhas para o problema do caixeiro viajante. in Modeling & Simulation, 2008. AICMS 08. Segunda Conferência Internacional da Ásia. 2008. IEEE.

[75] Pham, D., et al. The bees algorithm-a novel tool for complex optimisation problems. in Proceedings of the 2nd Virtual International Conference on Intelligent Production Machines and Systems (IPROMS 2006). 2006.

[76] Karaboga, D. e B. Basturk, On the performance of artificial bee colony (ABC) algorithm. Applied soft computing, 2008. **8**(1): p. 687-697.

[77] Zhang, C., D. Ouyang e J. Ning, Uma abordagem de colónia de abelhas artificiais para agrupamento. Sistemas Especializados com Aplicações, 2010. **37**(7): p. 4761-4767.

[78] Carretero, J. e F. Xhafa, Utilização de algoritmos genéticos para a programação de trabalhos em aplicações de grelha de grande escala. Desenvolvimento Tecnológico e Económico da Economia, 2006. **12**(1): p. 11-17.

[79] Singh, P., V. Singh e A. Pandey, Analysis and Comparison of CPU Scheduling Algorithms (Análise e comparação de algoritmos de programação de CPU).

[80] Zhao, L., et al. A Flexible Resource Publishing Framework for Eligible Subsystems Orchestration and Efficient Requests Scheduling. in Proceedings of the 9th International Symposium

on Linear Drives for Industry Applications, Volume 3. 2014. Springer.

[81] Tang, W., et al., Toward balanced and sustainable job scheduling for production supercomputers. Parallel Computing, 2013. **39**(12): p. 753-768.

[82] Jackson, D., Q. Snell, e M. Clement. Core algorithms of the Maui scheduler. in Job Scheduling Strategies for Parallel Processing. 2001. Springer.

APÊNDICE I

Implementação de colónias de abelhas

```
* To change this template, choose Tools | Templates

* and open the template in the editor.

import java.util.Arrays;

import java.util.Comparator;

import java.util.Random;

public class BeesAlgoImpl {

    public int var = 3;
```

```
public int n = 200;

public int m = 200;

public int e = 100;

public double ngh = 6;

public int nep = 50;

public int nsp = 30;



public int iteration = 200;



public int upperLimit = 10;

public int lowerLimit = -10;

        public boolean integerize =false;
```

```
public double optimalPoint[];

public BeesAlgoImpl(){

init();

}

public BeesAlgoImpl(int no_of_var) {

this.var = no_of_var;

init();

}
```

```
public BeesAlgoImpl(int var,int n,int m,int e,double ngh,int nep,int nsp,int
iteration,int upperLimit,int lowerLimit,boolean integerize){

        this.var=var;

        this.n=n;

        this.m=m;

        this.ngh=ngh;

        this.nep=nep;

        this.nsp=nsp;

        this.iteration=iteration;

        this.upperLimit=upperLimit;

        this.lowerLimit=lowerLimit;

        this.integerize=integerize;

        init();
```

```
}

private void init(){

    this.optimalPoint = new double[var + 1];

    for (int j = 0; j < var + 1; j++) {

optimalPoint[j] = 1;

  }

}

public double function(double[] x) {

double result = 0;

    for (int j = 0; j < var; j++) {

    result = result + (x[j]-1) * (x[j]-1);
```

```
    }

    return (-result);

  }

      public double random(double high, double low) {

                  Random generator = new Random();

                  if(integerize){

      return (generator.nextInt((int) high - (int) low) + (int) low);

    }

    double range = high-low+1;

    double fraction = range*generator.nextDouble();

    return(fraction+low);

  }
```

```
public void sort(double searchPoints[][]){

  Arrays.sort(searchPoints, new Comparator() {



    public int compare(double[] o1, double[] o2) {

      if (o1[var] < o2[var]) {

        return 1; // -1 for descending order

      } else if (o1[var] > o2[var]) {

        return -1; // 1 for descending order

      } else {

        return 0;

      }

    }
```

```
    public int compare(Object o1, Object o2) {
        double[] O1 = (double[]) o1;
        double[] O2 = (double[]) o2;
        if (O1[var] < O2[var]) {
            return 1; // -1 for descending order
        } else if (O1[var] > O2[var]) {
            return -1; // 1 for descending order
        } else {
            return 0;
        }
    }
});
```

```
}

public void run() {

    double searchPoints[][] = new double[n][var + 1];

    for (int i = 0; i < n; i++) {

        double[] tmpX = new double[var];

        for (int j = 0; j < var; j++) {

            searchPoints[i][j] = this.random(upperLimit, lowerLimit);

            tmpX[j] = searchPoints[i][j];

        }

        double tmp = function(tmpX);

        searchPoints[i][var] = tmp;
```

```
}

for (int itr = 1; itr <= iteration; itr++) {
    sort(searchPoints);

    for (int i = 0; i < e; i++) {
        double[] x = new double[var];
        double[] x_best = new double[var];
        for (int j = 0; j < var; j++) {
            x[j] = searchPoints[i][j];
            x_best[j] = x[j];
        }
     double f = searchPoints[i][var];
```

```
double f_best = f;

for (int indx = 0; indx < nep; indx++) {
double[] x_elite = new double[var];
for (int j = 0; j < var; j++) {
x_elite[j] = this.random(x[j] + ngh, x[j] - ngh);
    }
    double f_elite = function(x_elite);
    if (f_elite > f_best) {
        for (int j = 0; j < var; j++) {
            x_best[j] = x_elite[j];
        }
        f_best = f_elite;
```

```
        }
    }

    for (int j = 0; j < var; j++) {
        searchPoints[i][j] = x_best[j];
    }
    searchPoints[i][var] = f_best;

}

for (int i = e; i < m; i++) {
    double[] x = new double[var];
    double[] x_best = new double[var];
```

```
for (int j = 0; j < var; j++) {
   x[j] = searchPoints[i][j];
   x_best[j] = x[j];
}
double f = searchPoints[i][var];
double f_best = f;


for (int indx = 0; indx < nsp; indx++) {
   double[] x_elite = new double[var];
   for (int j = 0; j < var; j++) {
      x_elite[j] = this.random(x[j] + ngh, x[j] - ngh);
   }
   double f_elite = function(x_elite);
```

```
    if (f_elite > f_best) {
        for (int j = 0; j < var; j++) {
            x_best[j] = x_elite[j];
        }
        f_best = f_elite;
    }
}

for (int j = 0; j < var; j++) {
    searchPoints[i][j] = x_best[j];
}
searchPoints[i][var] = f_best;
```

```
    }

    for (int i = m; i < n; i++) {
        double[] tmpX = new double[var];
        for (int j = 0; j < var; j++) {
            searchPoints[i][j] = this.random(upperLimit, lowerLimit);
            tmpX[j] = searchPoints[i][j];
        }
        searchPoints[i][var] = function(tmpX);
    }
}

sort(searchPoints);
```

```
        for (int j = 0; j < var; j++) {
            optimalPoint[j] = searchPoints[0][j];
        }
        optimalPoint[var] = -searchPoints[0][var];
    }

    public double optimalValue(){
        return(optimalPoint[var]);
    }

    public double[] optimalPoint(){
        double[] result = new double[var];
```

```
        for (int j = 0; j < var; j++) {

            result[j]=optimalPoint[j];

        }

        return(result);

    }



}
```

FCFS imple

```
import java.util.*;

class FCFS

{
```

```
public static void main(String[] args)

{

    int id[]=new int[20];

    int btime[]=new int[20];

    int wtime[]=new int[20];

    int total=0;

    float avg;

    Scanner sn = new Scanner(System.in);

    System.out.print("\nEnter the number of processes : ");

    int n = sn.nextInt();

    for (int i=0;i<n;i++ )    {

        System.out.println();

        System.out.print("Enter the process ID of process "+(i+1)+" : ");
```

```
    id[i]=sn.nextInt();

    System.out.print("Enter the burst time of process "+(i+1)+" : ");

    btime[i]=sn.nextInt();

}

wtime[0]=0;

for (int i=1;i<n;i++ )    {

    wtime[i]=wtime[i-1]+btime[i-1];

    total=total+wtime[i];

}

avg=(float)total/n;

System.out.println("\nProcess_ID\tBurst_time\tWait_time");

for(int i=0;i<n;i++)

{
```

```
            System.out.println(id[i]+"\t\t"+btime[i]+"\t\t"+wtime[i]);
        }
        System.out.println("\nTotal wait time: "+total+"\nAverage wait time: "+avg);
    }
}
```

SJF imple

```
import java.util.Scanner;
```

```
class sjf {

  public static void main(String args[])

  {

    int process[] = new int[10];

    int ptime[] = new int[10];

    int wtime[] = new int[10];

    int temp, n, total=0;

    float avg=0;

    Scanner get = new Scanner(System.in);



    System.out.println("Enter Number of Processes:");

    n = get.nextInt();

    for(int i=0;i<n;i++)
```

```
{
   System.out.println("Enter Process "+(i+1)+" ID: ");
   process[i] = get.nextInt();
   System.out.println("Enter Process "+(i+1)+" Burst Time: ");
   ptime[i] = get.nextInt();
}

for(int i=0;i<n-1;i++)
{
   for(int j=i+1;j<n;j++) {
     if(ptime[i]>ptime[j])
       {
          temp = ptime[i];
```

```
            ptime[i] = ptime[j];

            ptime[j] = temp;

            temp = process[i];

            process[i] = process[j];

            process[j] = temp;

        }

    }

}



wtime[0] = 0;

for(int i=1;i<n;i++)

{

  wtime[i] = wtime[i-1]+ptime[i-1];
```

```
        total = total + wtime[i];
      }
      avg = (float)total/n;
      System.out.println("P_ID P_TIME W_TIME");
      for(int i=0;i<n;i++)
      {
        System.out.println(process[i]+"\t"+ptime[i]+"\t"+wtime[i]);
      }
      System.out.println("Total Waiting Time: "+total);
      System.out.println("Average Waiting Time: "+avg);
    }
}
```

APÊNDICE II

Iniciar exemplo de rede...

Inicialização do pacote GridSim

Inicialização...

Começar a criar um recurso de grelha com 3 máquinas

Por fim, cria um recurso de grelha (nome: Res_0 - id: 5)

Criar uma entidade de utilizador de grelha com nome = Utilizador_0 e id = 10

Utilizador_0:Criar 5 Gridlets

Criar uma entidade de utilizador de grelha com nome = Utilizador_1 e id = 14

Utilizador_1:Criar 5 Gridlets

Iniciando o GridSim versão 3.1

Entidades iniciadas.

Utilizador_0Envio da Gridlet #0 para Res_0

Utilizador_0Envio da Gridlet #1 para Res_0

Utilizador_1Envio da Gridlet #0 para Res_0

Utilizador_1Envio da Gridlet #1 para Res_0

ack = true para Gridlet #1

Utilizador_0Envio da Gridlet #2 para Res_0

Utilizador_0Envio da Gridlet #3 para Res_0

ack = true para Gridlet #1

Utilizador_1Envio da Gridlet #2 para Res_0

Utilizador_1Envio da Gridlet #3 para Res_0

ack = true para a Gridlet #3

Utilizador_0Envio da Gridlet #4 para Res_0

User_0: Receber a Gridlet #0 no momento = 401.185998938992

Utilizador_0: A receber a Gridlet #1 no tempo = 401.185998938992

Utilizador_0: A receber a Gridlet #2 no tempo = 401.185998938992 ack = true para a Gridlet #3

Utilizador_1Envio da Gridlet #4 para Res_0

Utilizador_1: A receber a Gridlet #0 no tempo = 441.249998938992

Utilizador_1: A receber a Gridlet #1 no tempo = 441.249998938992

Utilizador_1: A receber a Gridlet #2 no tempo = 441.249998938992

Utilizador_0: Receber a Gridlet #3 no tempo = 445.379598938992

Utilizador_1: A receber a Gridlet #3 no tempo = 485.443598938992

Utilizador_0: Receber a Gridlet #4 no tempo = 525.443598938992

-------- User_0 ----------------

Ping information for User_0

Entity Name	Entry Time	Exit Time	Bandwidth
User_0	525.4436	529.4436	1000.000
router1	529.4536	529.8536	10000.000
router2	529.8636	533.8636	1000.000
Res_0	533.8736	556.2136	1000.000
router2	556.2236	556.6236	10000.000
router1	556.6336	560.6336	1000.000
User_0	560.6436	N/A	N/A

Round Trip Time : 31.200 seconds

Number of Hops : 3

Bottleneck Bandwidth : 1000.0 bits/s

-------- User_0 ----------------

User_0: sending and receiving of Gridlets complete at 560.643598938992

User_1: Receiving Gridlet #4 at time = 565.4435989389921

-------- User_1 ----------------

Ping information for User_1

Entity Name Entry Time Exit Time Bandwidth

User_1 565.4436 569.4436 1000.000

router1 569.4536 569.8536 10000.000

router2	569.8636	573.8636	1000.000
Res_0	573.8736	577.8736	1000.000
router2	577.8836	578.2836	10000.000
router1	578.2936	582.2936	1000.000
User_1	582.3036	N/A	N/A

Round Trip Time : 12.860 seconds

Number of Hops : 3

Bottleneck Bandwidth : 1000.0 bits/s

-------- User_1 ----------------

User_1: sending and receiving of Gridlets complete at 582.303598938992

GridInformationService: Notify all GridSim entities for shutting down

Sim_system: No more future events

Gathering simulation data.

Simulation completed.

--- Routing Table for router1 ---

router2	r1_r2_link
User_1	User_1_link
User_0	User_0_link
Res_0	router2

--- Routing Table for router2 ---

Res_0 Res_0_link

router1 r1_r2_link

User_0 router1

User_1 router1

============= OUTPUT for User_0 ==========

Gridlet ID	STATUS	Resource ID	Cost
0	Success	5	39.78779840848807
1	Success	5	39.78779840848807
2	Success	5	39.78779840848807

3	Success	5	39.78779840848807
4	Success	5	39.78779840848807

============= OUTPUT for User_1 ==========

Gridlet ID	STATUS	Resource ID	Cost
0	Success	5	39.78779840848807
1	Success	5	39.78779840848807
2	Success	5	39.78779840848807
3	Success	5	39.78779840848807
4	Success	5	39.78779840848807

Terminar o exemplo de rede ...

Apêndice III

Informações de ping para User_1

Entity Name	Entry Time	Exit Time
User_1	565.44	569.44
router1	569.45	569.85
router2	569.86	573.86
Res_0	573.87	577.87
router2	577.88	578.28
router1	578.29	582.29
User_1	582.30	0.00

Bandwith

Entity Name	Bandwidth
User_1	1000
router1	10000
router2	1000
Res_0	1000
router2	10000
router1	1000
User_1	0

Extra Information

Round Trip Time : 12.860
seconds

Number of Hops : 3

Largura de banda do estrangulamento: 1000.0 bits/s

Tabela de encaminhamento para o router1

router2	r1_r2_lin k
User_1	User_1_l ink
User_0	User_0_l ink
Res_0	router2

Tabela de encaminhamento para o router2

Res_0	Res_0_li nk
router1	r1_r2_lin k
User_0	router1
User_1	router1

OUTPUT para User_0

Gridlet ID	STATUS	Resource ID	Cost
0	Success	5	39.78779841
1	Success	5	39.78779841
2	Success	5	39.78779841
3	Success	5	39.78779841
4	Success	5	39.78779841

OUTPUT para o utilizador_1

Gridlet ID	STATUS	Resource ID	Cost
0	Success	5	39.78779841
1	Success	5	39.78779841
2	Success	5	39.78779841
3	Success	5	39.78779841
4	Success	5	39.78779841

MIX
Papier aus verantwortungsvollen Quellen
Paper from responsible sources
FSC® C105338

Printed by Books on Demand GmbH, Norderstedt / Germany